④つなげて考える　→　いろいろなフレームワークなどの関係を頭に入れておく
⑤結果を出す　→　考えるプロセスを経て、成果を上げる

本書の目的は、教室で100点を取ることではなく、仕事の現場でリターンを得ることだ。アカデミックな厳密性よりも直感的な理解を優先し、なるべく身近な事例を使いながら、できるだけ平易な言葉で解説した。

本書で取り上げた定番スキルのパートは、多くの読者に支持していただいた拙著2冊を基にしている（いずれも日経BP社から発行し、累計発行数は10万部超）。

1つは『ビジネスプロフェッショナルの教科書』。これは最初、『日経ビジネスアソシエ』に連載した記事を集めたムックとして発行され、その後、大幅な加筆のうえ単行本化された。今回は、同書のエッセンスを抜き出したうえで、最新情報などを加えて、よりシンプルに学べるようにした。

もう1つは『仕事に役立つ統計学の教え』。これは「世の中の現象は統計的なルールに従って動いている」ということを知り、ビジネスの成功確率を高めるための思考法を解説したものだ。今回はその中から、基本理論の部分を取り上げて再構成した。

この2冊に、最新ビジネス理論などを大幅に加えて出来上がったのが本書だ。加筆に当たっては、これからのビジネスプロフェッショナルにとっての常識となるであろうキーワードを中心にピックアップした。

本書で紹介している思考スキルは、実践的な「知」を増やしていくうえでの、頭の整理に欠かせないツールである。思考のツールを知っているだけで問題解決ができるほどビジネスは簡単ではないが、答えを出す過程でツールを使うことは極めて有効だ。思考ツールによって課題を整理し、そこから最適なロジックで答えをひねり出せば良い。

私が大好きなサッカーにたとえれば、優れたサッカー選手になるためには、目の前の練習をしているだけでは不十分だ。布陣や戦術の基本的な考え方や多くのバリエーション、欧州リーグでの最新戦術トレンド、これらを理解するための多くの事例（試合）を地道に学ぶ必要がある。身近なライバルチームの研究や自分が属するチームの理解は当然のこと、その上でサッカーのインテリジェンスを身につける。知とスキルのちょっとした違いが、結果を生み出す原動力になるのだ。

ビジネスパーソンも同じ。日々の業務に埋没していると、突然のチャンスで体をどう動かして良いかわからない。結果は言わずもがな。そうならないよう、普段から脳内基礎体力を上げるトレーニングをしてほしい。

読者の皆さんの成功を祈っている。

斎藤広達

目次

PART1 ▸ イノベーション思考

PART2 ▸ ビジネスモデル思考

PART3 ▸ 戦略思考

PART4 ▸ マーケティング思考

PART5 ▸ 統計思考

PART7 ▸ 思考の落とし穴

PART8 ▸ 会計思考

PART9 ▶ ファイナンス思考

▶PART1

イノベーション思考

トレードオン

1-1 「二者択一」ではなく「両方取る」

ビジネスの世界には「トレードオフ」がはびこっている。「品質を上げるとコストがかさむので値段を安くすることができない」「サービスを良くすると人手がかかるので利益が失われる」

このように「あちら立てれば、こちら立たず」という関係をトレードオフと言い、なかなか乗り越えられない壁と見なされている。

しかし、本当に優れた発想の持ち主は、トレードオフをトレードオンに変えてしまう。実際、私たちが今では当たり前のように利用している製品やサービスは、トレードオンを実現することで、世の中を変えてきた。

クロネコの仮説

日本人におなじみのサービスで解説しよう。ヤマト運輸の宅急便が実現した「時間帯お届けサービス」は、何日の何時ごろ荷物を届けてほしいかを依頼主が指定できるサービスだ。これは今では当たり前だと思われているが、その導入には斬新な仮説があった。「もし物流業界にノーベル賞があったとすれば、確実にノーベル賞受賞」（早稲田大学ビジネススクールの山田英夫教授、『ビジネスマンの基礎知識としてのMBA入門』より）と評される発想がある。

顧客にとっては、届け先の相手が荷物を受け取る時間、あるいは自分が受け取りたい時間を自分で決められるわけだから、サービスの向上になる。しかし、届ける時間を指定すると、顧客からの注文が細かくなり、コストが高くなる。それでもヤマト運輸は、時間指定の追加料金を取っていない。

実はヤマト運輸は、時間帯を指定してもらうことで、むしろコストを下げることができるという仮説を立てた。1976年にサービスを開始した宅急便にとって、荷物の届け先に誰もいない「不在」は困った問題だった。荷物を受け取ってもらえない場合、不在票を置いてきて、再配達することになるわけで、コストが膨らむ。

「不在」を解決できるというのは、ヤマト運輸にとってこんなにうれしいことはない。時間帯の指定はそれを実現する切り札になると考えたわけだ。つまり、顧客にとっては自分に都合のいい時間に届けてくれるという満足度の向上をもたらし、ヤマト運輸にとってはコストの引き下げを実現する。ということで、時間指定配送は、サービスと利益のトレードオフではなくて、むしろトレードオンを実現した。まさに「ウィン・ウィン」の関係だ。

シリコンバレーのマインドセット

イノベーションが起きるときには、常識をひっくり返したり、不可能と思われていたことを可能にしたりするような、新しく大胆な仮説が出発点になる。その宝庫と言えるのがシリコンバレーだ。

Xプライズ財団のCEOであるピーター・H・ディアマンディス氏がまとめた「ピーターの法則」は、シリコンバレーの起業家のマインドセットをわかりやすく表現している。その法則2にはこうある。「どちらか選べと言われたら、両方取れ！」（ピーター・H・ディアマンディス、スティーブン・コトラー著『ボールド　突き抜ける力』土方奈美訳、日経BP社）。

ひっくり返すべきものは何か？

「二兎を追うものは一兎をも得ず」という諺を戒めにしている人は、その発想を根底から捨てろということだ。もちろん、どんな物事でも両方取れるというわけではないかもしれないが、少なくとも、はじめから「片方だけ」で満足して、両方取ることをあきらめてはいけない、というわけである。

問題解決を目指したり、新しいビジネスモデルを構想したりするときには、こう問いかけてみよう。「ひっくり返すべきものは何か？」「どうやったらひっくり返せるのか？」。

その答えを見つけるのは簡単ではないが、後述するようなブルーオーシャン戦略やSWOTのようなフレームワークがヒントを与えてくれることもあるだろう。

「弱みを強みに変えられないか」「脅威を機会に変えられないか」「訴求すべき価値はもっと別のところにあるのではないか」。そのような問いかけから、トレードオンを実現する仮説が見つかるかもしれない。一見するとトレードオフだと思っている関係も、実は「間違った常識」に縛られているだけということもある。

解決すべき問題を整理し、そのうえでトレードオンにできないか、頭をひねってみよう。それがイノベーションを実現する出発点になる。

ようするにこういうこと

トレードオフとトレードオン

同時に追求することができないと思われていることを同時に追求することができるようにすると、イノベーションが生まれる。

トレードオフ
Aを得ようとすると
Bを得られなくなる

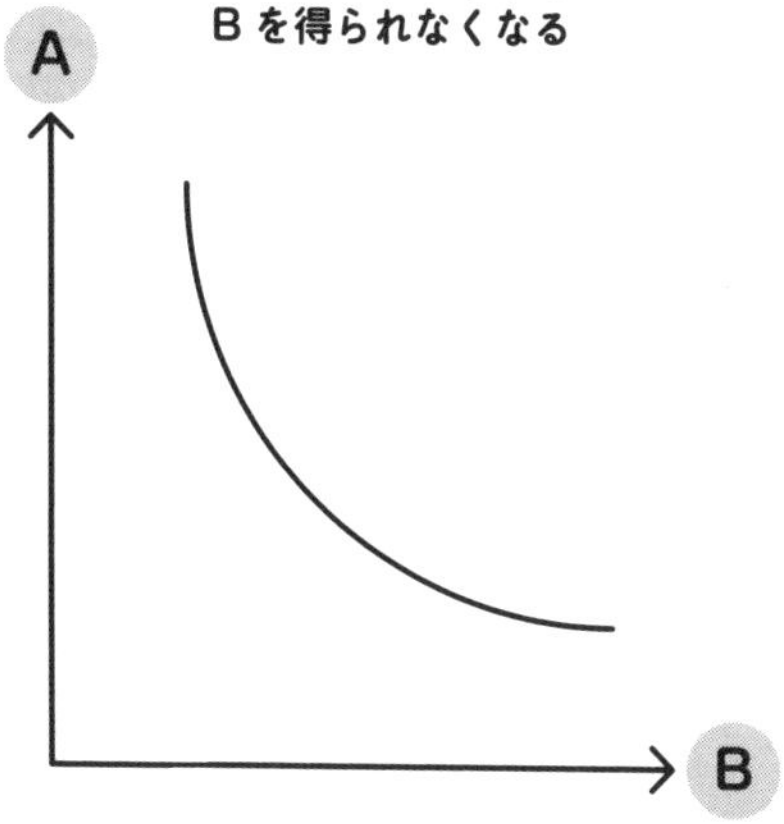

トレードオン
Aを得ることができれば
Bも得ることができる

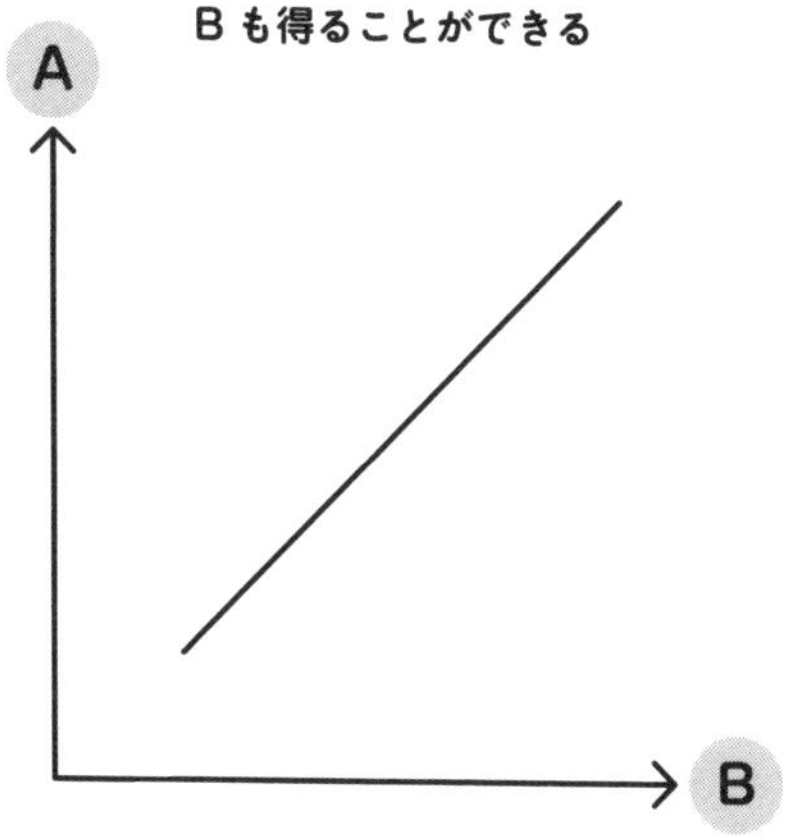

歯ブラシテスト

1-2 10倍に成長するビジネスを見分ける基準

前項で紹介した『ボールド　突き抜ける力』は、サブタイトルにある「超ド級の成長と富を手に入れ、世界を変える方法」をふんだんに紹介している。その1つが「歯ブラシテスト」だ。グーグル共同創業者のラリー・ペイジ氏は、「このサービスを使う頻度は、歯ブラシを使う頻度より高いか」と自問するのだそうだ。

ラリー・ペイジ氏が常に抱いている興味は、「次に10倍スケールに成長できるものは何だろう?」だという。どんなものにも改善の余地があり、不可能だと思われている問題を解決すれば、10倍スケールで成長するものがある。理論的に可能なことなら、実現するのは不可能ではない――。そういう発想で新しいプロジェクトのネタを探しているというわけだ。

では、10倍スケールで成長するものを、どうやって見つけるのか。その考え方のベースが歯ブラシテストなのだ。Gメールもクロームも、1日に朝晩2回の歯ブラシより、はるかに利用頻度が高い。ユーチューブを買収したときも、同じように考えたそうだ。

ラリー・ペイジ氏のような起業家は「エクス

ポテンシャル起業家」と呼ばれる。彼らが目指すのは指数関数的な成長だ。一定期間ごとに性能が倍増していくようなデジタル技術を取り入れて、世界を変えていく。

ムーンショットの出発点

米国では、不可能と思われるプロジェクトに挑むことのたとえとして、月への打ち上げを意味する「ムーンショット」という言葉がよく使われる。グーグルが挑んできた事業は典型とされる。その出発点のチェック項目に、「人々がどのくらい利用したいと思うか」という歯ブラシテストが入っているというのは、イノベーションの本質を物語っている。

毎日、当たり前に使うようになるものは何か？　自分の生活パターンメモにまとめて見るだけで、何かアイデアが浮かぶかもしれない。

ようするにこういうこと

歯ブラシテストで利用頻度を考える

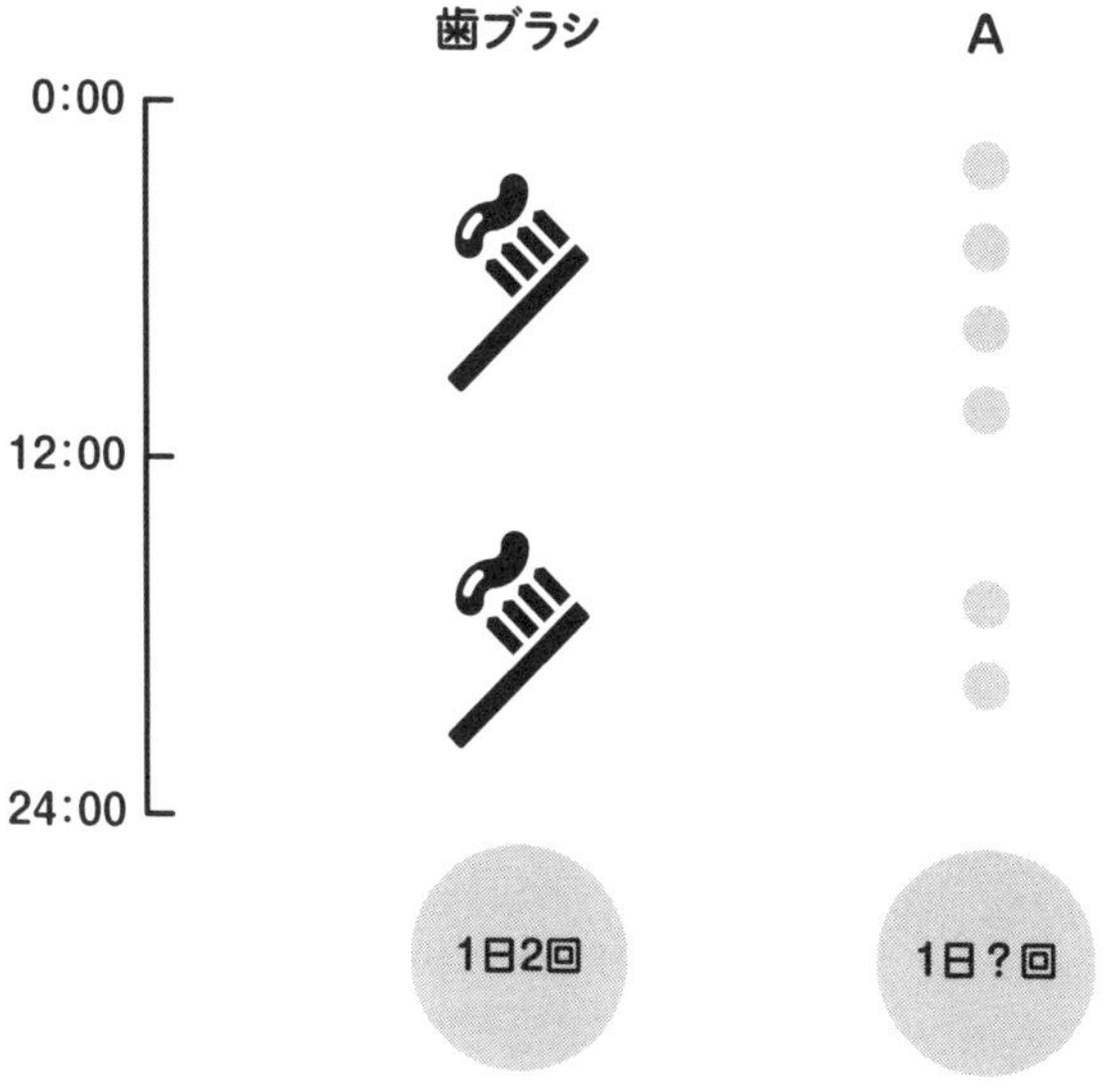

デザイン思考

1-3 コンサルが苦手のシリコンバレー的な発想

デザイン思考とは、優れたデザイナーが、新鮮な視点でユーザーを観察して「新しい形」を提案していくように、しがらみにとらわれずにゼロから発想する思考法だ。

スティーブ・ジョブズ氏のようにデザインセンスの良い起業家が成功を収め、デザイン思考はイノベーションへの突破口になるのではないかという期待を集めるようになった。

問題解決型のコンサルティングに関わる者は、デザイン思考がなぜ求められるのか、肌身をもって理解できる。過去のデータを分析し、解決策をロジカルに考える。こうしたコンサルティング手法の力と同時に、その限界を日々感じているからだ。

製造業から依頼されたプロジェクトがあるとしよう。コスト削減や業務改革といったテーマは分析主導で進めることができる。新製品開発がテーマであれば、顧客の潜在ニーズは把握できる。

しかし、魅力的な「新製品そのもの」を提案するのはほぼ不可能だ。感性に訴えるデザイン、フォルム、機能、パッケージング……。ロジカル思考の先にあるエモーショナルな領域は、問題解決型コンサルタントの苦手分野なのだ。

よって、こうした経営課題に適した、いわゆる「デザイン思考」が必要になる。

人の心に訴えかける製品やサービスは何か？　正解は1つではないし、最初から答えを出せるほど人間の心は簡単ではない。であればいろいろとトライするしかない。まずは試してみる。こうしたアプローチを積極的に取り入れることがデザイン思考の特徴だ。どんどん試作し、使ってもらってフィードバックをもらい、改良し、良い製品を送り出す。

デジタルテクノロジーの発展でビジネスを立ち上げるコストが下がり、「ちょっとやってみよう」「プロトタイプを作ってみよう」という発想を持つ人たちが増えている。デザイン思考は何かを創り出す人たちの基本動作になるかもしれない。

ようするにこういうこと

デザイン思考の流れ

Empathize **共感**	ユーザーを観察する。 ありのままに行動を見る。
Define **問題定義**	ユーザーの「本当の目的は何か？」を特定する。
Ideate **アイデア出し**	定義した問題を解決するためのアイデアを出す。
Prototyping **プロトタイプの作成**	アイデアを素早く試作する。
Test **実地検証**	試作品をユーザーに使ってもらって、フィードバックを受ける。

ピボット

1-4 何かを起点にして事業を方向転換する

起業の新しいコンセプトとして「リーン・スタートアップ」という言葉が広がり始めたのは数年前のこと。資金や時間を実用最小限に抑えて、リーンに（無駄なく）事業を成長させるというわけだ。

『リーン・スタートアップ』の著者エリック・リース氏は、同書の中で、重要なコンセプトとしてピボット（Pivot）を挙げている。

英単語「Pivot」は、起点や中心点という意味だ。何かを起点にして行動を起こす、あるいは何を軸にして物事を見る。闇雲にトライアルをするのではなく、何かひとつ考えを持ってアクションを起こすということだ。

ここでのピボットとは、事業転換を意味する。最初の仮説がハズれたら、方向を変えてみようというわけだ。

実際、成功した企業の多くは、スタートアップ期にピボットしている。最初に描いた青写真の通りに大成長を遂げる企業は例外的なのかもしれない。

成功した人の多くは、よくこう言う。「成功しない人は、途中であきらめてしまうから、成功しないのだ」。この言葉から2つの示唆を得られそうだ。

「あきらめない姿勢」＋「筋の良いピボット」

まずは根性論のような「あきらめない姿勢」。そして、ピボットの「筋の良さ」。まったく的外れなピボットをしてしまうと、仮説の深化に膨大な時間がかかり、ライバルに先行される。ロジカルな分析力を駆使してピボットしなければ、あきらめない姿勢が「正しく失敗に向かう」原動力になってしまうのだ。

リース氏が挙げているような10タイプのピボットに従って、ビジネスプランを再考してみることは重要だ。それは起業家ならずとも、ビジネスパーソンなら誰でも持っていたい視点をカバーしている。

ようするにこういうこと

ピボットのタイプ

① ズームイン型：製品機能の1つと考えていたものを製品全体にする。

② ズームアウト型：ズームイン型とは逆に、製品全体をもっと大きな製品の一部にする。

③ 顧客セグメント型：製品仮説は部分的に検証されたが、ターゲット顧客が適切ではなかった場合に、顧客を変更する。

④ 顧客ニーズ型：顧客にとってより重要な問題を発見した場合に、そのニーズに合わせて製品を作り直す。

⑤ プラットフォーム型：アプリケーションからプラットフォームへの方向転換、あるいはその逆の方向転換をする。

⑥ 事業構造型：高利益率・少量の複合システムモデルか、低利益率・大量の大量創業モデルか、どちらか一方からもう一方へ転換する。

⑦ 価値捕捉型：価値の捉え方を変えて、収益モデルを見直す。

⑧ 成長エンジン型：スタートアップの成長エンジン（ウィルス型、粘着型、支出型）のモデルを切り替える。

⑨ チャネル型：販売・流通チャネルの転換。

⑩ 技術型：同じソリューションをまったく異なる技術で実現する。

リアルオプション

1-5 リスク限定で大儲けを狙う

一発当てれば大儲けできるが、外れたときには投資がすべて無駄になりかねないビジネスを目の前にしたとき、リスクを取って果敢にチャレンジするか、それとも見送るか。

その意思決定にヒントを与えてくれるのがリアルオプションだ。オプションというのは「選択権」のことだ。

「100億円を得るか、20億円を捨てるか」

まずは例題。ある企業が新規事業の立ち上げを検討している。業界内のライバルに先駆けて打って出る、画期的な新規事業だ。投資金額は20億円。成功すれば、100億円規模の事業になるが、成功する確率は50%。失敗して20億円をそっくり失う確率も50%。あなたが経営者だったらどう意思決定するか。

この事業の期待値（パート5で後述）を計算すると50億円になる、投資が20億円なので、差し引き30億円の収益が残る計算だ。しかし、事業の成否はコイントスと同じだ。裏目に出ると投資金額20億円がパーになる。

ようするにこういうこと

新規事業投資の期待値①

単純に意思決定をする場合

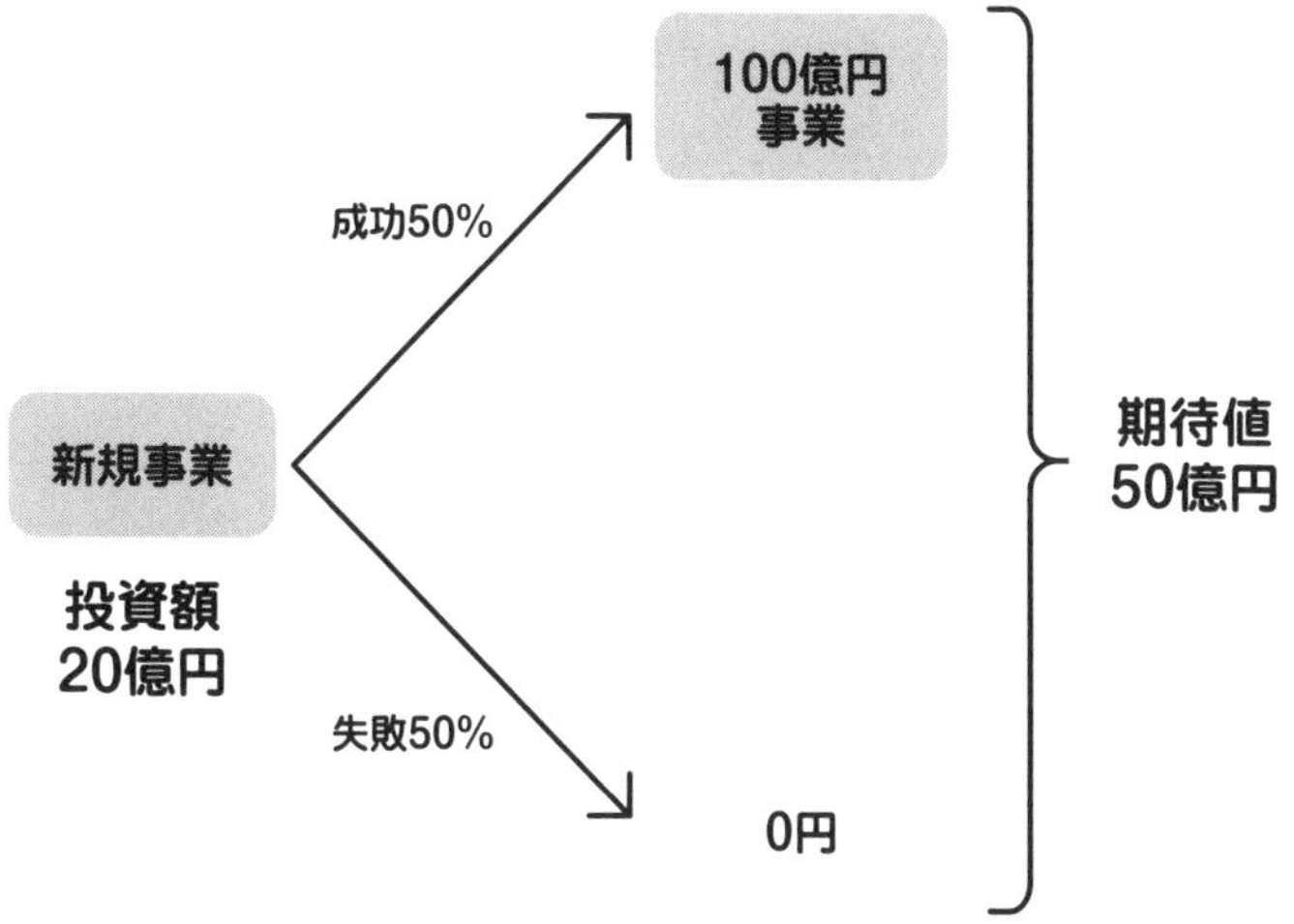

50億円（事業期待値）－ 20億円（投資額）＝ 30億円

業界内のライバルに先駆けて打って出る画期的な新規事業を計画。投資金額は20億円。成功すれば100億円規模の事業になるが、成功する確率は50%。失敗してすべてを失う確率も50%。事業規模の期待値は50億円、投資額が20億円だから、差し引き30億円の収益が残る計算。しかし、失敗すると売上ゼロに終わり、投資した20億円が損失になる。

小規模投資でトライアル

この場合、いきなり大型投資をするのではなく、1年間トライアルテストをするという選択肢もある。小規模投資でトライアルテストをすると、1年間で1億円の費用がかかるとしよう。テスト期間中にライバル社に先を越される可能性もある。しかし、ライバル社の成功は、市場が立ち上がった証拠。それを確かめてから参入できる。

そうすると成功確率は80％ぐらいに上がる。一方で、後発になる分だけ事業規模は小さくなり60億円ぐらい。追加投資金額は20億円とする。そシナリオを描くと、期待値は48億円になる。そこから追加投資額を差し引いて、金利が3％と仮定して現在価値（パート9で後述）に直すと27・2億円だ。

このような考え方で選択肢を確保するのが、リアルオプションである。この場合は、トライアルテストに1億円を投じることで、60億円規模のビジネスチャンスを確保したことを意味する。もしテストの結果が悪かったり、ライバルに先を越されたりすれば、1億円を捨てて撤退することになるが、損失はそれだけに限定される。つまり、ダウンサイドのリスクを限定しつつ、アップサイドのリターンを追うことができる。

金融分野の理論を応用

こうしたオプションの考え方は、もともと金融の分野で理論化された。例えば「現在の為替が1ドル90円だとして、1年後に1ドル88円で買い取る権利はいくらか？」ということを計算し、為替や株式などを買う権利（コールオプ

ようするにこういうこと

新規事業投資の期待値②

トライアルの投資をして様子を見る場合(リアルオプション)

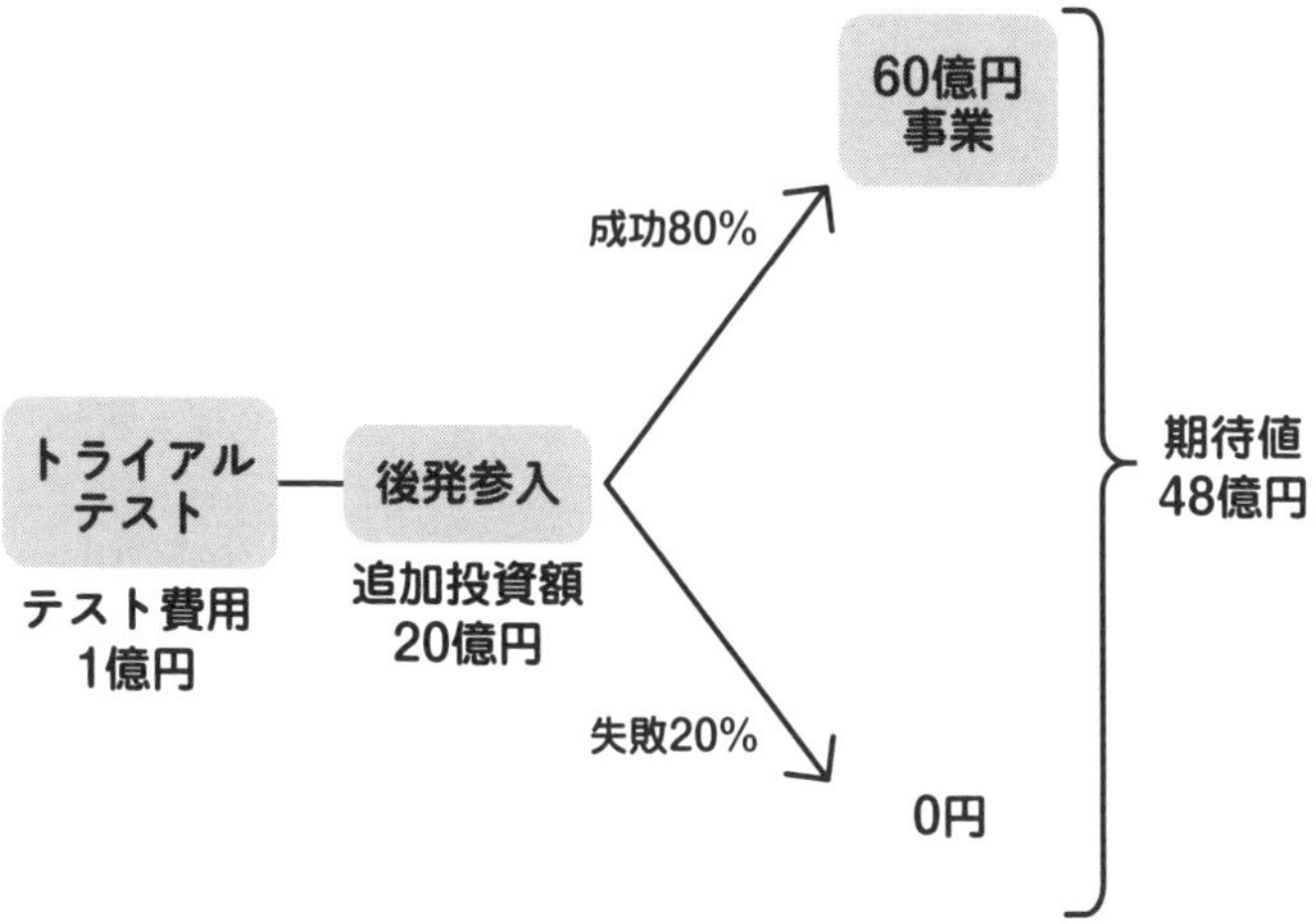

$$\frac{48\text{億円(事業期待値)} - 20\text{億円(追加投資額)}}{1.03\text{(金利}3\%\text{)}} = 27.2\text{億円}$$

いきなり大型投資をするのではなく、1年間トライアルテストをする。1年間で1億円の費用がかかる。テスト期間中にライバル社に先を越される可能性もあるが、ライバル社の成功は市場が立ち上がった証拠だから、確信を持って参入できる。その場合、成功確率は80%ぐらいに上がる。一方、成功しても後発になる分だけ事業規模は小さくなり、60億円。追加投資金額は20億円とする。事業規模の期待値は48億円。

金利が3%と仮定して現在価値に直すと27.2億円になる。期待値は下がるが、成功の確率は高まる。

ション）、売る権利（プットオプション）が取引されている。

オプションは、時間と不確実性に価格を設定した金融商品だ。不確実な未来を担保する。

株価や為替などの変動が激しいとオプション価格は上がる。それだけアップサイドのリターンが大きくなる可能性があるからだ。また、オプション行使までの期間が長くなれば、それだけ不確実性が高くなり、価格は上がる。

前述したトライアルテストは、オプションを買ったのと同じ意味を持つ。1億円でウェイトオプション（「待ち」のコールオプション）を買い、参入タイミングを見計らったわけだ。こうした選択がリアルオプションと呼ばれる戦略だ。名前は難しいが、基本的な考え方はシンプルだ。

大きな損失を避けようとして、はじめから投資をやめてしまうのではなく、儲けるチャンスを確保するわけだ。

「金持ち喧嘩せず」の根拠

ちなみに普通のビジネスパーソンも、ウェイトオプションから重要な示唆を得られる。お客さんとの関係を維持することで、オプション価値は高くなる、ということだ。

商談の最中、懇意にしているお客さんと険悪になる瞬間もある。そこで啖呵を切り関係を断ってしまうと、オプション価値を失う。未来永劫、期待値はゼロのままだ。対決や決裂は、オプション価値をゼロにする子供っぽい行動なのだ。

ウェイトオプションのスタンスを取って、お互い頭を冷やしてから関係を修復すれば、取引を再開できる可能性もある。「金持ち喧嘩せず」は、統計的に根拠がある格言なのである。

1-6 ▸ アービトラージ 「市場の歪み」を儲けのタネにする

隠れたビジネスチャンスを見つけるときの目の付け所は、前述したトレードオフなどのほかにもある。「市場の歪み」「価格の歪み」も見逃せない。

「アービトラージ（裁定取引）」とは、同じモノの価格や金利差を利用して儲ける取引のこと。「サヤ取り」と訳されることもある。

例えば、金価格が今、ロンドン市場では「1トロイオンス＝1400ドル」なのに、香港市場では「1トロイオンス＝1405ドル」だったとする。

この時、ロンドンで買った金を即座に香港で売ることができれば、1トロイオンスにつき5ドルの利益が出る。大儲けは難しいが、ほぼノーリスクで手堅く儲けられる。ただし、取引コストが別途かかるので、個人投資家が利用するのは難しい手法だ。

抜け目なく「歪み」を見つける

「同じモノには同じ値段がつく」のが、経済学の大原則。だが、現実の社会では理論通りにいかない場面が散見される。

その「歪み」に気づき、利用できれば、おいしい思いができる。それが「arbitrage opportunity」の本質だ。

「ビジネスチャンス」と言い換えてもいいが、「チャンス」には「万人に平等」というニュアンスがある。「arbitrage opportunity」を得るには、社会の裏側のカラクリを見抜く、ある種の抜け目なさが必要だ。

多数派の見解に流されていてはダメ。経験と学習を積み重ね、ユニークで鋭い視点と嗅覚を養うことが不可欠だ。誰にでも公平に与えられるチャンスではない。そんな微妙な違いを理解してほしい。

理不尽の数だけチャンスがある

アービトラージの事例は、ほかにいくらでもある。日本なら「そこそこ」レベルの寿司に、高い値がつくニューヨークのレストラン。日本企業をリストラされたエンジニアを、好待遇で雇う新興国企業。中国やインドのビジネスパーソンも、海外に出て大幅な年収アップを実現するチャンスを狙っている。

同じレベルなら同じ値段がつく。そんな公平な世界は、教科書の中にしか存在しない。現実社会に一歩、足を踏み出せば、そこはジャングル。不公平なことばかりだ。

裏を返せば、理不尽の数だけチャンスがある。虎視眈々とアービトラージの機会をうかがい続ける。そんなしたたかなマインドさえ持てれば、あなたのビジネス人生も、きっと楽しくなるはずだ。

パート3で取り上げるグローバル戦略のフレームワークでも、アービトラージは重要な視点の1つだ。

ようするにこういうこと

アービトラージ(裁定取引)

同じものが異なる価格で取引されている状況を利用して儲けること。

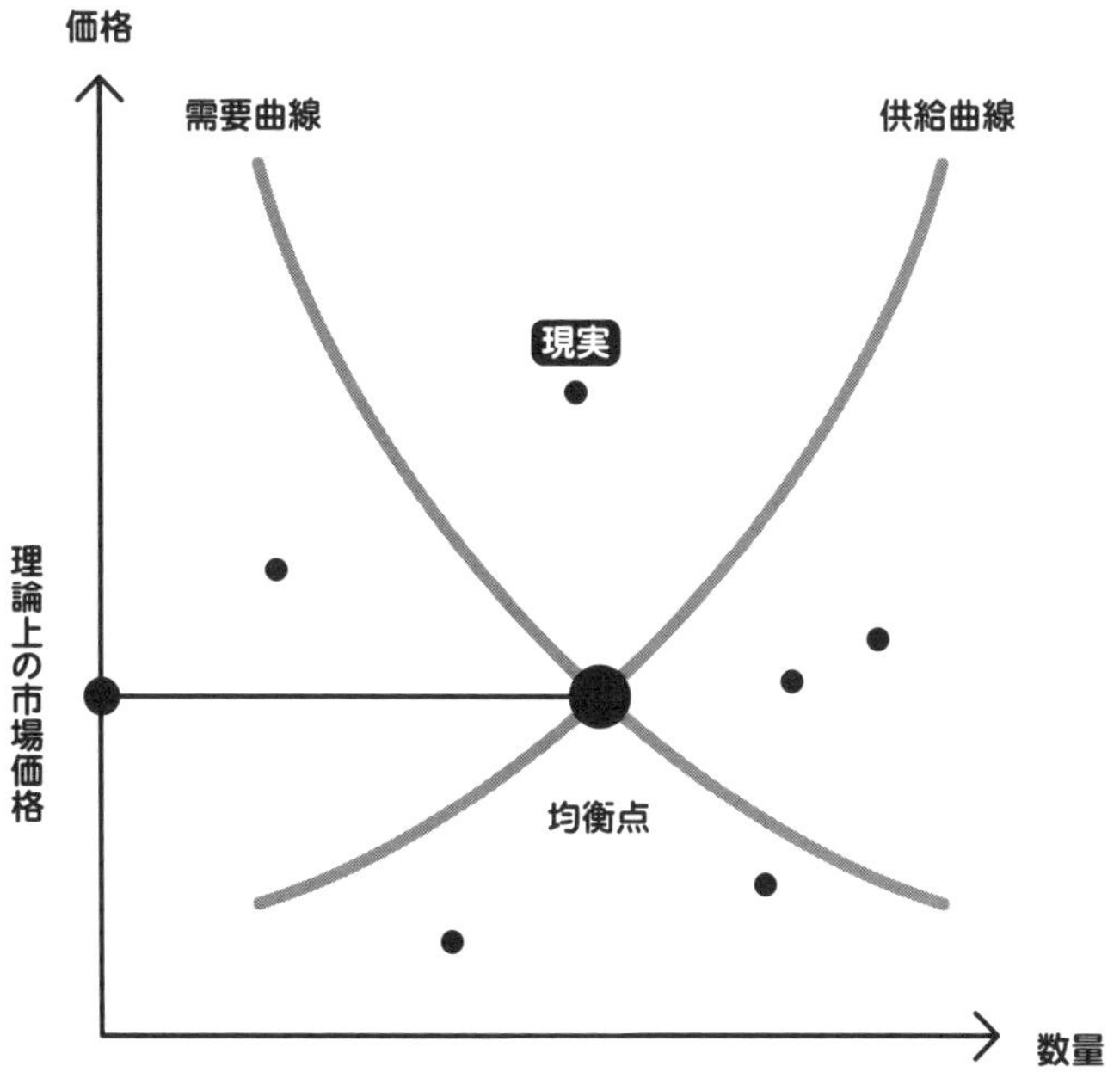

完全な自由市場ではモノの価格は需要と供給が一致するある特定の水準(均衡点)に定まるとするのが、教科書的な経済学の考え方。だが現実には、まったく同じモノでも取引される場所によって価格は違う。だから、安いところで仕入れたモノを高いところで売り払うアービトラージが生まれる。アービトラージが活発に行われれば、次第に価格差は縮まり、最終的には理論上の市場価格に近づくはず。だが、取引コストなどの問題から、アービトラージが活性化せず、不合理な価格差が放置されていることも多い。

▸PART2

ビジネスモデル思考

ビジネスモデルキャンバス

2-1 「価値提案」を基点にして9つの箱を埋めていく

「明日の企業の形をデザインしようとしているチャレンジャーのためのハンドブック」というたった大型本『ビジネスモデル・ジェネレーション』はベストセラーになった。その中で紹介されている「ビジネスモデルキャンバス」は、ビジネスモデルを設計するときのカギになる要素を整理したフレームワークだ。

価値提案と顧客セグメントから出発

このフレームワークでは、箱のように仕切られたところにポイントを書き込みながら、ビジネスモデルを設計する。

核になるのが「Value Propositions（価値提案）」と「Customer Segments（顧客セグメント）」のパート。「誰に」、「どんな価値を提供・提案（propose）するのか」を明確にする。要は、他の製品やサービスではなく、その製品やサービスが選ばれる理由を明らかにするのだ。

身近な事例で考えると、結婚のプロポーズと同じ。「他の人ではなく、自分と結婚してもらえれば、どんな幸せな人生を楽しめるのか？」。

ようするにこういうこと

ビジネスモデルキャンバス

ビジネスモデルを設計するときに重要な9つのファクターを提示したフレームワーク。本書で紹介している戦略やビジネスモデル、マーケティングのいろいろな考え方を結びつけている。

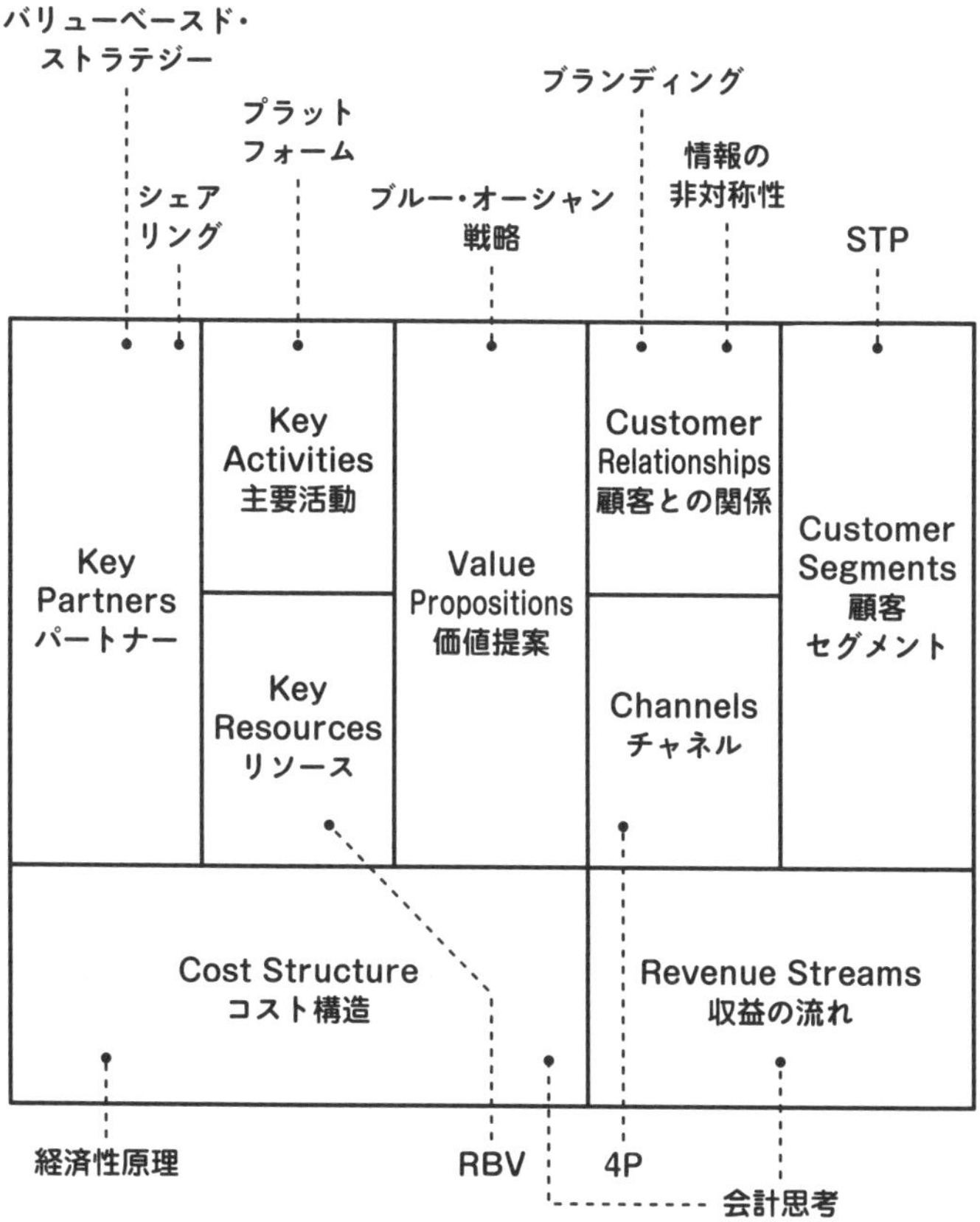

この9つのフレームを埋めていくときには、まず「顧客セグメント」「価値提案」から考えるのが基本だ。そのうえで、顧客に届ける価値を実現する方法として「主要活動」「リソース」「「パートナー」を考える。同時に、顧客に価値を届ける方法として「顧客との関係」「チャネル」を考える。そして競争力の強化と事業の継続のためには「コスト構造」と「収益の流れ」を押さえることも欠かせない。

こうして提案がビジネスモデルを機能させる、最も重要なパーツになっている。

価値提案と顧客セグメントが決まれば、他の項目はロジカルに見えてくる。顧客にどういうチャネルを通じて届けるか、顧客とどういう関係を作るかをはっきりさせる。そのうえで、価値提案の対価として収益を得る流れを作っていく。

価値提案の左側にある項目は、ビジネスの活動に関する要素が並ぶ。設備や人材などのリソース、そのリソースを使った自社の活動、パートナーなどだ。これらはパート3で取り上げるRBVなどの考え方と重なってくる。

戦略とマーケティングのエッセンスを包括

このフレームワークは、後述する競争戦略やマーケティングに関する理論やフレームワークのエッセンスを包括的に組み合わせたものと見ることもできる。価値提案を起点に多くの要素を内包している。新しいビジネスをひらめいたら、このキャンバスでざっくり全体像を描いてみるといい。実現に向けた課題がきっと浮かび上がってくるだろう。

新規事業は、天才が思いつくすごいアイデアが具現化されるものではない。すでにある商品やサービスを新しい姿に変えていく。テクノロジーが猛烈なスピードで進化する今のような時代であれば、このチャンスは日常生活の多くの場面に埋まっていそうだ。

気がつける者は次世代を担う起業家になれるかもしれない。「感じる力」と時代の進化に送れないための「学ぶ姿勢」が不可欠だと実感させられる。そしてまた、現状を破壊する力は、リスクだらけの新しい事業を推し進める原動力になる。

2-2 シェアリング

競争のキーワードが「奪い合い」から「共有」に変わる

シェアリングという言葉がビジネス用語として存在感を増している。昨今のＩＴ分野の技術革新によって、シェアリングは新しいビジネスを生み出すキーワードに進化した。

シェアリング型ビジネスの代表とされるのが、ライドシェア（相乗り）サービスを提供するウーバー（Uber）や宿泊を仲介するエアビーアンドビー（Airbnb）だ。

ウーバーは、自動車で移動したい人と、自動車に載せてあげる人を結びつける。エアビーアンドビーは、宿を探している人と部屋を貸してあげる人を結びつける。一般の人たちがモノやサービスを他人に提供するという「シェア」を仲介しているのだ。ウーバーやエアビーアンドビーは、シェアリングの仕組みとなるプラットフォーム（後述）を運営している。

ウーバーもエアビーアンドビーも、日本の法規制下では強い制約を受けていて話題が先行しているが、世界的に見るとその存在感は大きくなっている。そして日本を訪れる外国人の間には、海外と同じように、エアビーアンドビーで宿泊先を探し、ウーバーを使って車で移動したいという希望も強い。

スマホ技術の進歩が背景に

シェアという言葉はビジネスの世界でいろいろな使われ方をする。かつて日本でシェアと言えば、市場占有率を指すのが一般的だった。つまり「業界ナンバーワン企業はどこか」「うちの会社は3番手に転落した」というような文脈で使われる言葉だった。どちらかというと「奪い合い」を意味する言葉だった。

これに対して、シェアリングエコノミーで言うところのシェアは、どちらかというと「分け合う」「共有する」の意味合いが強い。個人が持つモノや個人が提供できるサービスを他人に提供するという意味での「共有」だ。例えばウーバーは、タクシーと似ているが、ヒッチハイクのような「助け合い」を大規模なビジネスにした形である。

つまり、従来型のビジネスのキーワードは「競争」だったが、シェアリングでは「協力」こそがキーワードなのである。そして協力関係はテクノロジーによって支えられている。

シェアリングが実現できるようになった背景には、スマートフォン関連の技術進歩がある。スマホを通じて画像なども含めた情報をやりとりすることが容易になり、車に載せてほしい人、車に乗せてあげる人に、それぞれ登録・注文・評価などをしてもらう仕組みが構築しやすくなった。スマホの位置情報機能はウーバーなどのライドシェアのサービスには不可欠だ。

また、利用者とドライバーがお互いの評価をスマホからフィードバックすることによって、信頼感の向上をもたらしている（「情報の非対称性」を参照）。シェアリングのビジネスが広がり始めた背景には、このようなテクノロジー

ようするにこういうこと

Uberのビジネスモデル

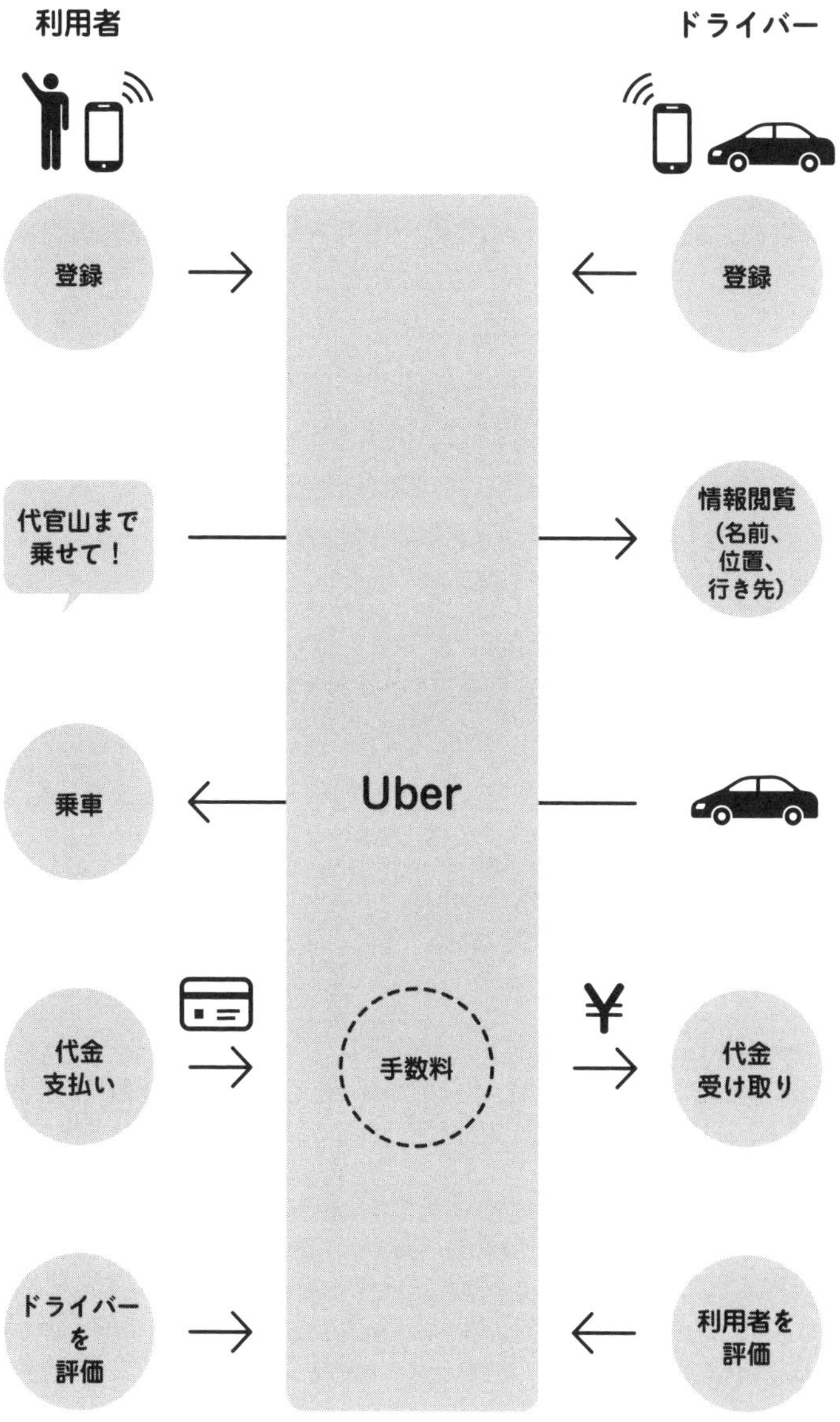

の発展がある。

みんなでシェアすれば、いろいろと良いことがある。無駄がなくなり、お互いがハッピーになる。人が持っている当たり前の良心、それが行動につながる。ここにシェアリングの魅力がある。

しかし良心だけで3度の飯は食べられない。善行に手間賃が支払われて、初めて日々の糧を得られる。シェアリングの仕組みを提供する企業も、利用者から手間賃を頂戴できるからビジネスとして成り立つ。テクノロジーが人の良心に追いつくことで、シェアリングがビジネスとして成立するようになった。

フィンテックの中核技術も

「ファイナンス＋テクノロジー」を意味するフィンテックにも、シェアリングの考え方が含まれる。特に大きなインパクトを秘めているのがブロックチェーンだ。これは仮想通貨の帳簿となる技術である。ビットコインの中核技術として注目され、銀行業務にも利用可能であることが認識されるようになった。

銀行に預金をすると、そのお金の出し入れは、銀行の帳簿上に記録される。預金者も通帳という形で閲覧できるが、帳簿の管理は銀行がしている。そして帳簿を改ざんして預金者に不利益を与えることはないように、銀行は厳格な規制に従って運営されている。

これに対してブロックチェーンは、ネット上の取引記録を帳簿にしてしまう。取引に関係する人たちの個々の取引記録をみんなでシェアし、すべての記録をまとめた帳簿にする。

ブロックチェーンは「分散型帳簿」とも言われる。帳簿の改ざんを防止する機能も備えている。

情報の非対称性

2-3 「知らない人」にも安心して使ってもらえるか？

シェアリングによるビジネスの発展を理解するときには、「情報の非対称性」という概念が重要だ。

情報の非対称性とは、売り手と買い手など利害が対立するプレイヤーがいて、片方のプレイヤーだけが偏在的に情報を持っている状況を指す。すなわち「知っている人」と「知らない人」がいる。

この情報の非対称性は、経済活動の歪みをもたらす。

例えば、中古車。故障を隠せば、ディーラーはぼろ儲け。だが、買い手にすれば、修理代を二重に払うようなもの。こんな悪行が横行すると、誰も中古車ディーラーを信用しなくなる。状態のいい車でも「どうせ欠陥車だろう」と買い叩かれる。結果、良心的なディーラーは採算が取れなくなり、結果的に悪い中古車を売るディーラーだけが市場に残る。中古車市場は欠陥車だらけに……。こういう状況のことをアドバースセレクション、逆選択という。

これがMBA（経営学修士）コースで習う「レモン（欠陥品）市場」。提唱者のジョージ・

アカロフ氏は、２００1年、ジョセフ・スティグリッツ氏らと一緒にノーベル経済学賞を受賞している。

利用者による評価を公開

レモン市場のような情報の非対称性が放置されたままでは、まっとうなビジネスは成り立たなくなる。

シェアリングエコノミーの成立を考える際には、この情報の非対称性はきわめて重要なポイントだ。例えば、ライドシェアサービスの利用者は、見ず知らずの人の車に乗せてもらうことになる。そのときドライバーがどんな人なのかを事前に知ることができるか、知ることができないか。それはまさしく情報の非対称性の問題に当てはまる。

そこでウーバーなどのライドシェアのサービスでは、利用者がドライバーを評価し、その情報が閲覧できるようになっている。逆に、ドライバーも利用者を評価する。互いに評価し合うことで、情報の非対称性は解消されていく。

こうした工夫は、ネット上のオークションサイトで、出品者に対する評価が表示されるのと同じだ。

これまでのビジネスモデルは、資本力のある企業が、その信用やブランドによって、情報の非対称性を意識させないようにして儲けるスタイルだった。しかし、テクノロジーの進化は、情報の非対称性を解決する手段をもたらした。そしてレモン市場化を防ぐプラットフォームを作ることが新しいビジネスモデルとして脚光を浴びているわけだ。

シェアリングエコノミーを「多くの情報源」をつなぐ場と考えると、また違ったビジネスのアイデアが考えられそうだ。

ようするにこういうこと

レモン市場

商品やサービスについての情報が買い手に与えられていないと、市場に不良品ばかりが出回ってしまうという現象のこと。

(例)中古車市場の場合

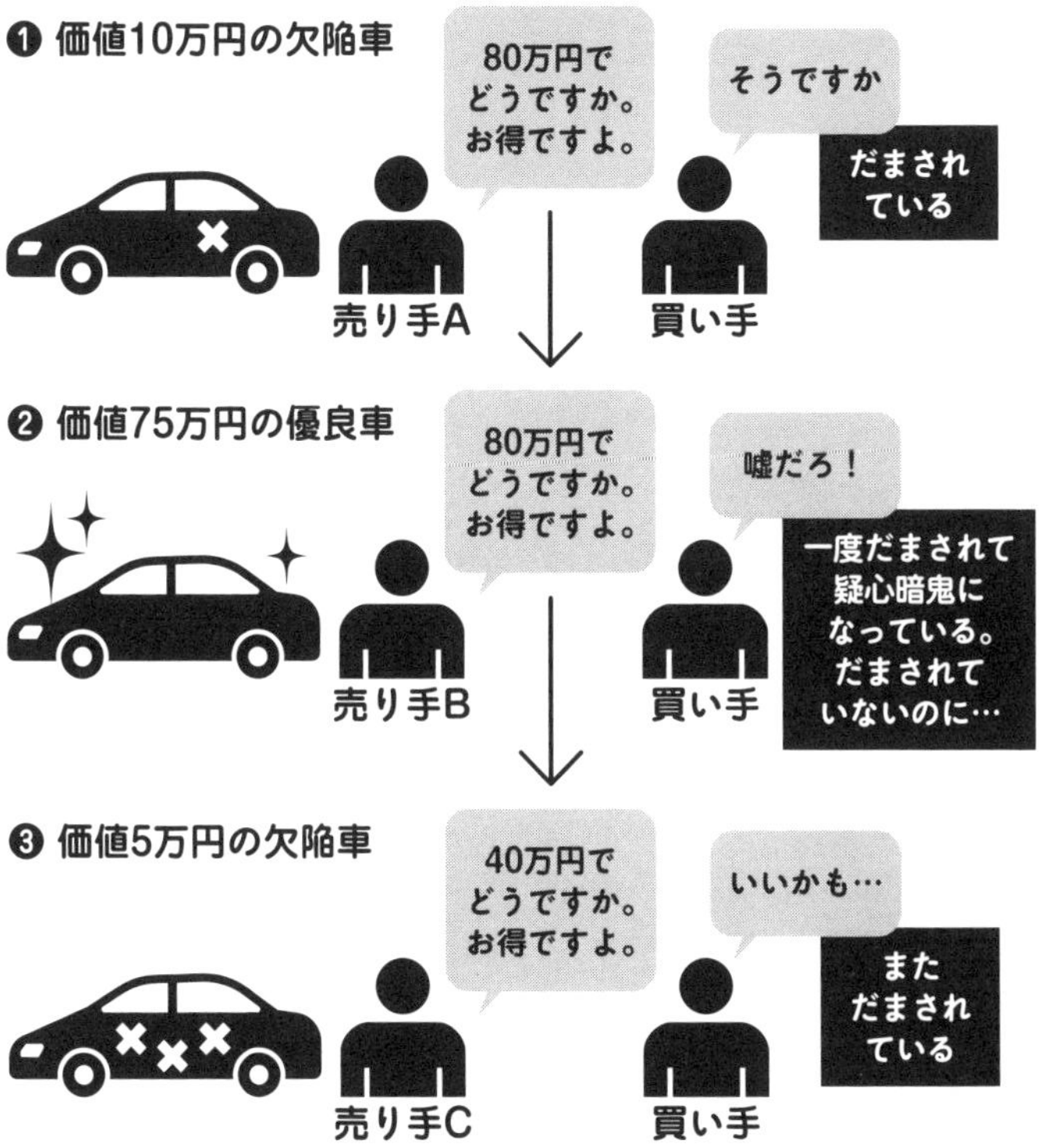

中古車の取引では、売り手は商品の本当の価値を知っているが、買い手は知らない。だから、商品の欠陥を隠して、不当に高い値段をつける売り手が現れる(❶)。だまされた買い手は警戒心を強めて、優良な商品に正当な値段をつける売り手を疑うようになる(❷)。その結果、高品質の商品を販売する良心的な売り手は減り、低価格の欠陥品で利益を得ようとする悪質な売り手が市場に蔓延する。

2-4 参加せずにはいられない「一人勝ち」の仕組み

ネット関連のテクノロジーを活用するビジネスで躍進する企業の多くは、そのビジネスモデルの中核に「プラットフォーム」を据えている。シェアリング型のビジネスはまさしくプラットフォームだし、フェイスブックのようなSNS、楽天市場のようなネットコマースなどもプラットフォームと言える。

「プラットフォーム戦略」と書くと、難しそうな印象を受けるが、実はシンプルな考え方だ。身近な駅のホーム（プラットフォーム）を思い浮かべれば良い。電車に乗るとき、利用者はみながそこにやってくる。ホーム上では様々なサービスが提供される。新しい駅ができれば人が集まる。路線の利便性が高く、料金もリーズナブルで雰囲気も良く、しかも安全となれば、利用者は自然と増える。

駅のホームと同じように、ビジネスの世界で言うプラットフォームにも、利用者が集まってくる。それを目当てに情報や製品、サービスなどを顧客に提供する企業が参加する。そしてプラットフォーム上でサービスの提供者と利用者がやり取りをして、お金を落としていく。

ようするにこういうこと

プラットフォームの成長

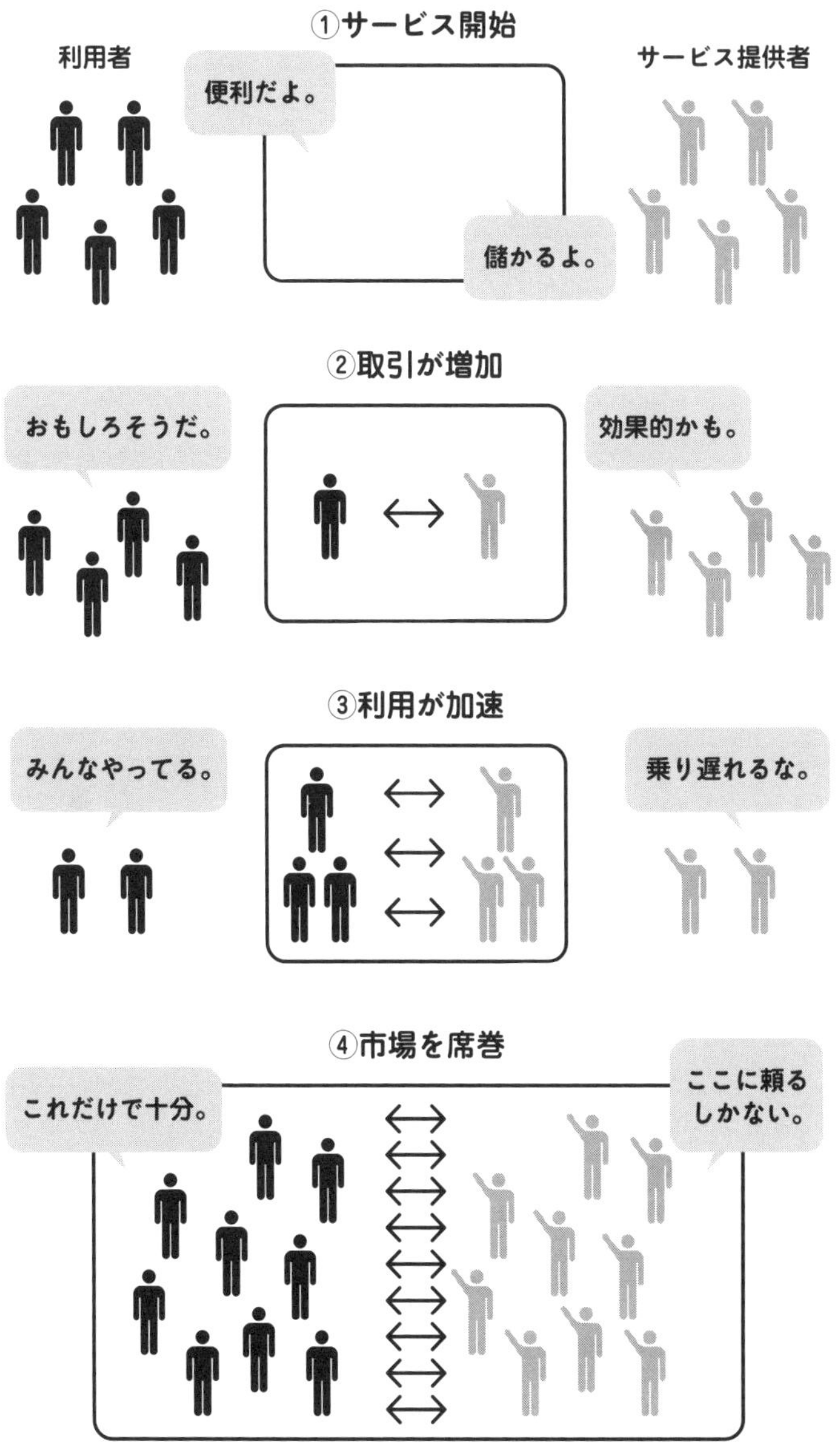
①サービス開始
利用者
サービス提供者
便利だよ。
儲かるよ。
②取引が増加
おもしろそうだ。
効果的かも。
③利用が加速
みんなやってる。
乗り遅れるな。
④市場を席巻
これだけで十分。
ここに頼る
しかない。

プラットフォームを発展させるには、多くの人や企業を巻き込むことが重要だ。人気のある駅のプラットフォームを作るのと同様に、協力してくれるプレイヤー（人・企業）が集まらないと、ビジネスが成り立たない。

例えばキンドルのような電子書籍サービスは、本のコンテンツを提供する出版社が協力者だ。「楽天トラベル」のような宿泊予約サイトは、ホテルや旅館に部屋を売り出してもらい、宿泊先を探している個人と結んでいる。また、パソコンのOSやゲームのようにアプリケーションソフトを作る会社を増やしたいビジネスは、早くからプラットフォーム的な発想を取り入れていた。

「勝ち馬」に乗ろうとする協力者を増やす

プラットフォーム戦略を成功させるカギは、協力してくれるプレイヤーをいかに増やすかということだ。そして巻き込んだプレイヤーのマネジメントも重要になる。

プラットフォーム型のビジネスモデルは、何から何まで自社で提供するビジネスに比べて、投資資金や時間を抑えることができる。また、プラットフォーム全体をうまくコントロールすると、一人勝ち現象が起きやすい。「勝ち馬」に乗ろうとする協力者が増えるからだ。

では、協力者を増やし、彼らをやる気にするには何が重要かというと、プラットフォームを利用するエンドユーザーを増やすことだ。

将来を見越して先に駅を作るのか、それとも人口の増加動向を見ながら新たな駅の創設を検討するのか。どちらが正解かはケースバイケースだろう。ITのテクノロジーの進化によって、新しいプラットフォームの可能性は広がっている。

ネットワーク効果

2-5 ユーザーが爆発的に拡大する理由

15年以上も前に経営大学院で「network externality」という考え方を習った。日本語に訳すと「ネットワークが拡大していく様」と言ったところか。統計学的な要素を持ったビジネスの視点が新鮮だったのを思い出す。

利用者が増えれば増えるほど価値が高まる

時は流れITテクノロジーが急速に進化した昨今、ネットワーク効果はプラットフォーム型のビジネスを理解するうえで重要な概念になった。要は、ネットワークの利用者が増えていくときのメカニズムのことだ。

電話を例に考えてみよう。電話は、使っている人が多いから価値がある。もし、電話を使っているのが自分だけならば、まったくの無価値だ。小難しく言うと、利用者が拡大することで、利用者の便益が増加する、ということ。それがネットワーク効果だ。

ちょっとだけ数学的に考えると、さらにわかりやすくなる。電話の保有者が2人の場合、コミュニケーションの線は1本だ。3人になると

3本、5人だと10本、10人だと45本。要は、「組み合わせ」の計算がそのものなのだ。

お互いをつなぐ線が増え、ネットワークが拡大し、その線が活性化されると、情報はネットワーク内を頻繁に行き交うようになる。

ネットワーク効果の特徴は、ある規模を超えた場合の、需要の爆発的な成長が挙げられる。利用者の数が増えれば増えるほど、ますます多くの利用者が価値を感じてそれを採用し、一気に利用者が増える。SNSはその典型だ。

「間接」と「直接」の2タイプ

ここまで説明してきた効果は「直接的ネットワーク効果」と呼ばれる。これに対して、「間接的ネットワーク効果」は、膨大な参加者の数を目当てに、別のネットワークが開くイメージだ。例えば家庭用ゲーム機の場合、専用のハードが普及すると、次にソフトを開発する企業群がヒット作を狙いしのぎを削る。

間接的ネットワーク効果が働くと、元のネットワークはさらに盛り上がる。人気ソフトがハード機器の売上拡大の起爆剤になるように、相互が影響し合うことでネットワーク効果はまた指数関数的に増強される。

ネットワーク効果が発揮されるためには、そのネットワークが選ばれる理由が必要になる。新しい友人関係の入り口、ビジネスできるチャンス、蓄積された情報量などが同様に理由になるだろう。

その中で何より重要なことは、ネットワークの規模だ。「勝者とその他大勢」になれば、まずは勝者が最初の選択肢になるのだから。

一方で、ネットワーク効果は移ろいやすい。ピークを過ぎたネットワークは、他のネットワークに利用者を奪われていく。

ようするにこういうこと

ネットワーク効果

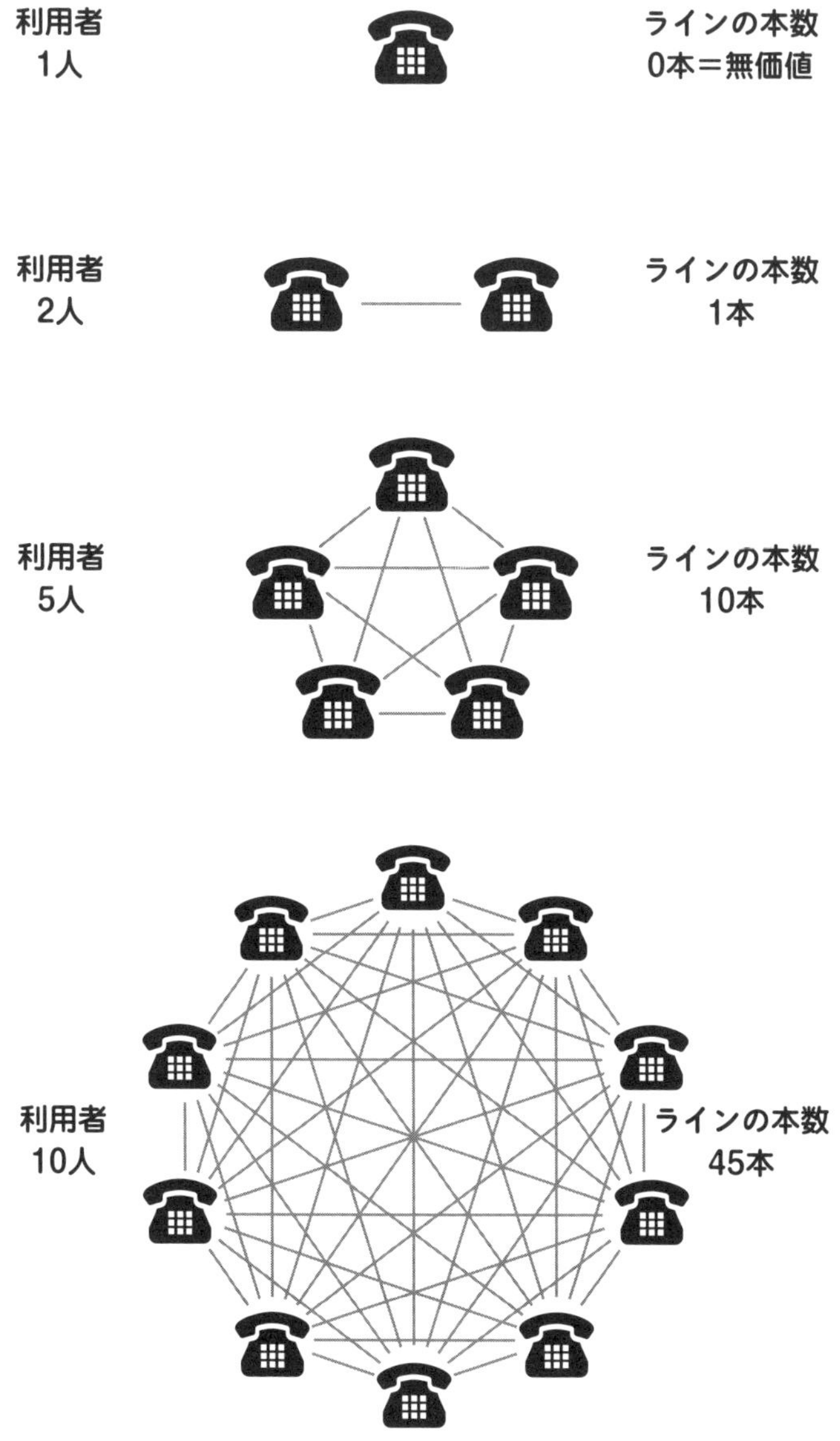

経済性原理

2-6 圧勝する会社が使いこなす基本法則

圧倒的な成長を遂げる企業は、ビジネスの基本原理の使い方がうまい。小さな力で重い物を動かす「テコの原理」を使うように、ビジネスをフル回転させる駆動要因をビジネスモデルに埋め込んでいる。

ビジネスの基本原理の代表は「規模の経済」「経験の経済」「範囲の経済」。これらはコストの低下や価値の拡大を実現する因果関係を説明しており、「経済性原理」と総称される。

前述したネットワーク効果も経済性原理の1つだ。

〔規模の経済〕M&Aで同業者を買収する会社の基本発想

規模の経済は英語でeconomy of scale。直訳すると「スケールが大きくなれば経済的になる」。つまり大量に作れば安くなるということだ。生産規模が拡大すると製品1単位当たりの平均費用が低下するのだ。

お米を炊くこと例に考えてみよう。10人分炊く場合と1人分炊く場合、お米の量は10倍の差がある。しかし、お釜を用意するコストは、10人分用と1人分要とのコスト差は10倍も開かない。せいぜい数倍だろう。だから大きい釜でまとめて作るほうが単位当たりのコストが安くなる。

規模の経済によるコスト削減を見込んでM&Aや組織統合が行われることがある。石油、鉄鋼など、同じ製品を生産・販売する業界では、規模の経済を発揮しやすい。近隣エリアにある別々の生産設備を集約し、生産量を増やすことで生産単位あたりの固定費コストを下げることが目的のひとつだ。

金融機関で買収や統合が行われるもの基本は同じ考え方。支店をまとめ規模の経済を追求する。本社機能を統合し、部門あたりの業務量を増やす。

市場環境の厳しさが増し、将来の収益性悪化に備えて金融機関は一緒に組めるパートナーを探す。住宅ローンや法人向け融資、あるいは投資信託など、例えば銀行であれば扱う金融商品に大差はない。規模の経済を発揮し、低コストで経営することが生き残るための鍵となる。

【経験の経済】ノウハウを先行して貯めていく

同じことを繰り返すうちに効率が良くなる。例えば、表計算ソフトで資料を作る仕事など、慣れないうちは時間が掛かるが、コツがつかめると短時間で処理できるようになる。経験が累積されることで、作業効率が増すのだ。

ちょっと経済学的に表現すれば、「効率が良くなるから、同じ時間でできることが多くなる」。小難しく言うと、時間当たりの生産量が増え、単位時間あたりコスト（労働コスト）が下がる。

こうした現象を経験カーブと呼ぶ。学習効果によって、経済効率が向上するため、学習曲線と呼ばれることもある。

生産活動を効率化する経験は組織の中に蓄積され、数字になって現れる。こうした知識は組織が持つ力になり、その企業に固有の「競争力の源泉」になる。パート3で取り上げるRBVの重要な要素となるケイパビリティーだ。

この原理に従えば、先に始めてノウハウを貯めていく人や企業は優位に立てることになる。

経験の経済は、ビジネスパーソンのキャリア構築にも示唆を与えてくれる。同じ業務で何年か経験を積むと、効率良く結果を出す能力を身につけられる。

[範囲の経済]
「シナジー効果」か「組織の肥大化」か

範囲の経済は、英語で economy of scope。スコープを広げれば経済的になるという意味だ。同じ製品の生産規模を拡大することで得られる効果は規模の経済だが、異なる製品を加えていくことでも経済効果が得られることがあり、それを範囲の経済という。

例えば、隣接分野へ事業領域を拡大することで、範囲の経済を発揮できる可能性もある。工場で同じラインを使って別々の製品を生産したり、自動車のプラットフォームを共通化したりといった事例だ。小型車で成功した自動車メーカーが、基幹車種のプラットフォームを活用してSUVや小型ミニバンなどを開発するケースなどがよくある。

M&Aの狙いとしてシナジー（相乗効果）を挙げることがよくあるが、これは範囲の経済の効果を意味する。

ただし、範囲を広げることは逆効果になることもある。つまり「範囲の不経済」が生じてしまうのだ。同じ会社の中にいろいろな事業が混在すると、管理コストが増えたり、意思決定が不適切になったりする恐れがあるからだ。

バリューベースド・ストラテジー

2-7 「買い手」「売り手」と価値をどう分け合うか？

シェアリングのように協力者を巻き込んでいくビジネスでは、競争戦略の考え方も変わってくる。参考になるのが、バリューベースド・ストラテジー（Value-based Strategy）だ。これはマイケル・ポーター教授のファイブフォース（パート3参照）をベースに、「買い手」「売り手」との価値の分け合いを考えるもので、ハーバードビジネススクールのブランデンバーガー氏とスチュアート氏が唱えている。ここでは『ＭＢＡビジネスデザイン』（日経ＢＰ社）を参考に、その考え方を紹介しよう。

例えば、小売価格１０００円の製品があったとしよう。この商品を提供するビジネスで生み出された価値はどのくらいあるだろうか。買い手や売り手が得ている価値はどういうふうに考えればいいだろうか。

この商品を売った会社が得る価値はわかりやすい。仕入れ値が５００円だったら、１０００円との差額の５００円が価値になる。

では、買い手の価値はどうなるか。その判定基準は、「こんなに安く買えて得した」「こんなに高くて損した」という買い手の満足感や不満感だ。

　ここで登場するのが「ここまでなら払って良いと思う金額」という考え方だ。この商品に「1200円払ってもいい」と思っている買い手にとっては、1000円で買えれば「200円得した」ということになる。これが買い手の得た価値だ。逆に「900円で買いたい」「よそでは900円で買える」と思っていたのに1000円だったとすると「100円損した」ということになる。

　では、「売り手」つまり、仕入れ先にとっての価値はどうなるか。ここでは「機会コスト」という考え方を使う。

　機会コストとは「ほかの相手に売ったときに得られたはずの金額」のことだ。ある会社に販売したために、別の会社に販売する機会を失ったと考えて、失った取引機会で得られたはずの売り上げを費用と見なす。

　そして、よその会社に売ったら300円のところ、このビジネスでは500円で売れたとすると、差額の200円が売り手の価値になる。逆によその会社なら600円で買ってくれたということなら、100円損したことになる。

　このように考えると、価値をいかに分け合うかということの重要性がわかる。

　例えば、企業が販売価格を上げすぎると、買い手は価値を得られなくなって、この取引に参加しなくなる。あるいは、企業が仕入れ時に買いたたくと、仕入先は嫌気がさして、取引を打ち切るかもしれない。つまり、価値配分のバランスが悪いと、取引関係が崩れてしまう。協力関係をうまく組むことが重要だ。

　さて、あなたのビジネスは、どの立場で、どれだけの価値を得ているだろうか。そのバランスを再点検することによって、やるべきことが見えてくることもあるはずだ。

ようするにこういうこと

バリューベースド・ストラテジーの考え方

ビジネスが生み出す価値(バリュー)をうまく分け合うことが重要だとする考え方

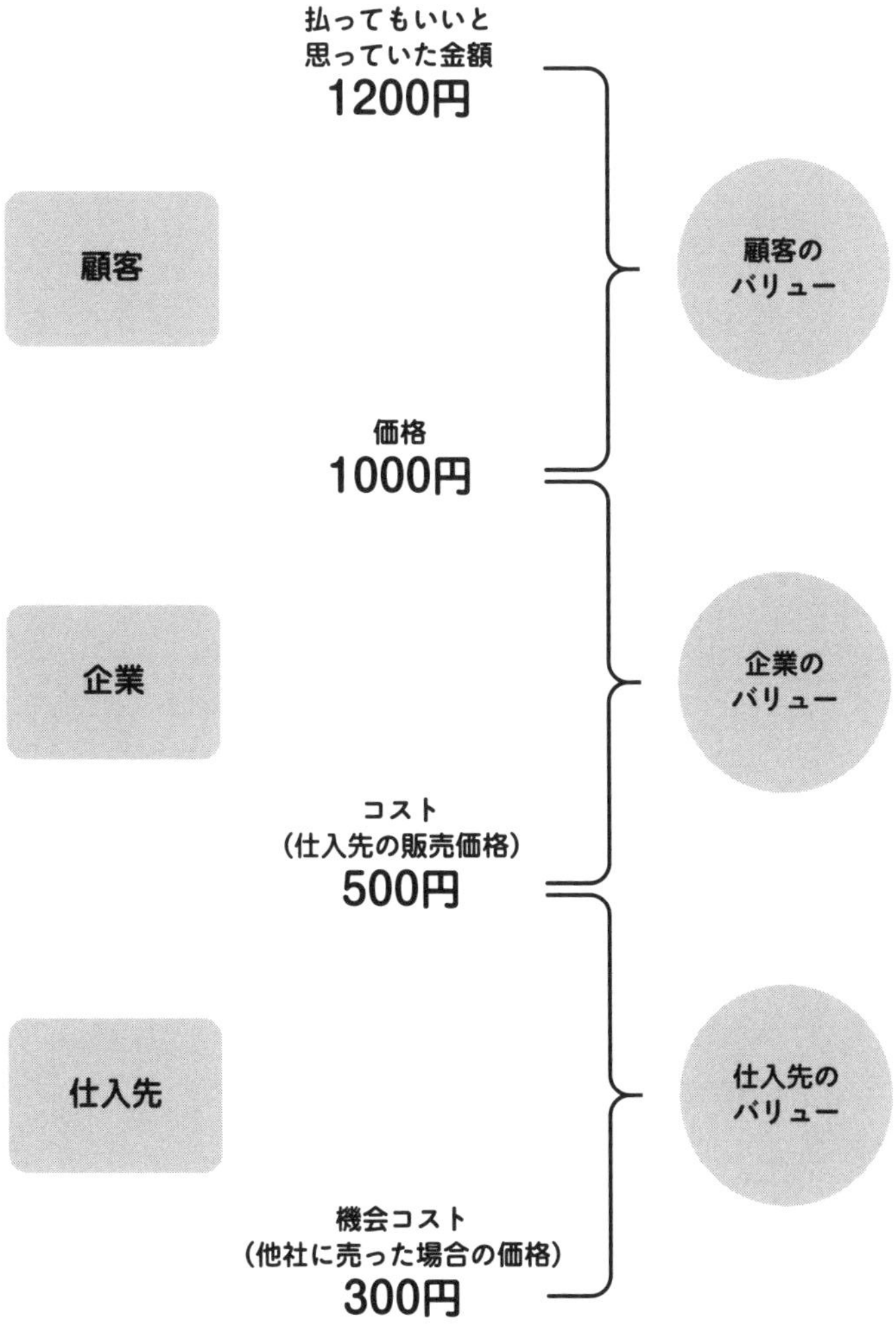

▸PART3

戦略思考

ブルー・オーシャン戦略

3-1 競争するのではなく創造する

新しいビジネスモデルで市場を席巻していく企業は、既存のライバルと競争するのではなく、まったく別の切り口で顧客に価値を提供するという発想をしていることが多い。そういう考え方のヒントになるのが、ＩＮＳＥＡＤのキム教授とモボルニュ教授が提唱した「ブルー・オーシャン戦略」だ。同名の本は戦略論の新スタンダードになっている。

ブルー・オーシャン戦略のメッセージは「混み合う赤い海ではなく、広々として青い意味を目指せ！」「Create. don't compete（創造せよ、競争するのではなく）」。

身近なアップル製品で考えればブルー・オーシャン戦略のポイントがよくわかる。iPhoneは、それ以前に存在した携帯電話の常識を覆した新製品だった。混み合う携帯電話市場（赤い海）ではなく、まったく新しい携帯端末の在り方を世に問うた。誰もいないブルー・オーシャンに繰り出し、消費者の支持を集め大成功する。

ここで定義するブルー・オーシャンとは何か？　要は、製品やサービスの領域を再構築して、新しいカテゴリーを作り出すということ。

iPhoneは単なる携帯電話でもないし、ポータブルPCでもない。どちらの要素も持っているが、いずれにせよ、これまでにない新しい製品だったのだ。しかもスタイリッシュなデザインは一目でそれとわかる。よって競争はなく、価格も先行者であるアップルが独自で決められる。フォロワーが参入して、レッド・オーシャン化するまでは、1社で利益を享受できるのだ。

大胆にメリハリをつける

ブルー・オーシャンを目指すコツはメリハリをつけることだ。すべての要素で勝つのは現実的ではない。ビジネスは資本や時間、累積経験の有無などで戦略的な制限がある。だとすれば、何かに注力し、何かを捨ててメリハリをつける。そのメリハリを新しい製品やサービスの姿をして消費者に是非を問うてみる。

例えば徹底的な低価格を追求し、サービスは必要最低限な分野に限定する。

米国のサウスウエスト航空は、この典型的な成功例とされる。サービスは徹底的に合理化し、低価格を追求した。消費者が、自動車での移動と飛行機の移動とを比較して考えられるぐらい、サービスと価格を再定義してみる。「自らの強み」と「劣っている点」をあえて組み合わせることで、新たな戦略ポジションを作った。出来上がった新しい航空旅客サービスは、LCC（格安エアライン）のモデルになった。

メリハリのある戦略を作るツールとなるのが「戦略キャンバス」と「4つのアクション」だ。ライバルとは違う価値曲線を描き出す。

ブルー・オーシャン戦略のステップを踏んで新しいアイデアを生み出す手法はかなり強力だ。デザイン思考などと組み合わせ、世の中を変える新たなビジネスを創造したい。

ようするにこういうこと

戦略キャンバス

ブルー・オーシャンの創出とは、市場の境界線を引き直して、新しいカテゴリーを生み出すことを意味する。レッドオーシャンのライバルたちが追求している競争要因とは違う競争要因を持ち込み、新しい切り口で顧客に価値を提供する。

(例)サウスウエスト航空

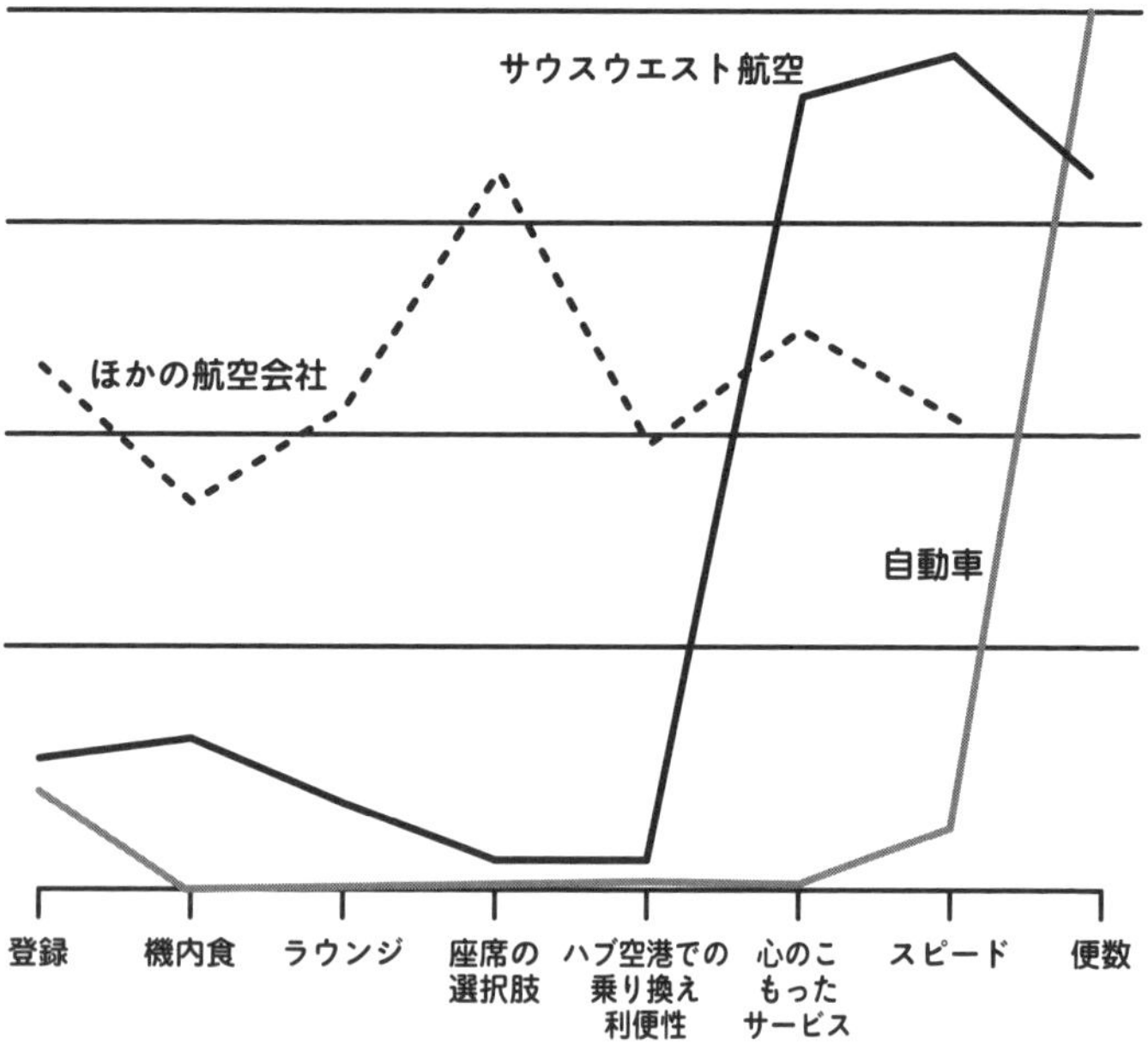

LCCの先駆者であるサウスウエスト航空は、地方空港間を直行便で結ぶというビジネスモデルで、拠点空港を中継基地とするハブ＆スポーク方式をとる既存エアラインとは競合しない、ブルー・オーシャンを創出した。安くて速くて便数が多いので便利という価値提案で、近距離の都市間を自動車で移動していたビジネスマンなどの需要を掘り起こした。

ようするにこういうこと

4つのアクション

新しい競争要因を創出してライバルに差をつけるとなると、そこに資金や人材をつぎ込む必要がある。その余力を生み出すために、旧来の競争要因を捨てて、メリハリをつけるというのがブルー・オーシャン戦略の発想だ。つまり何かを付け加える一方で、何かを捨てる。限られた資金と人材を大胆に配分するわけだ。

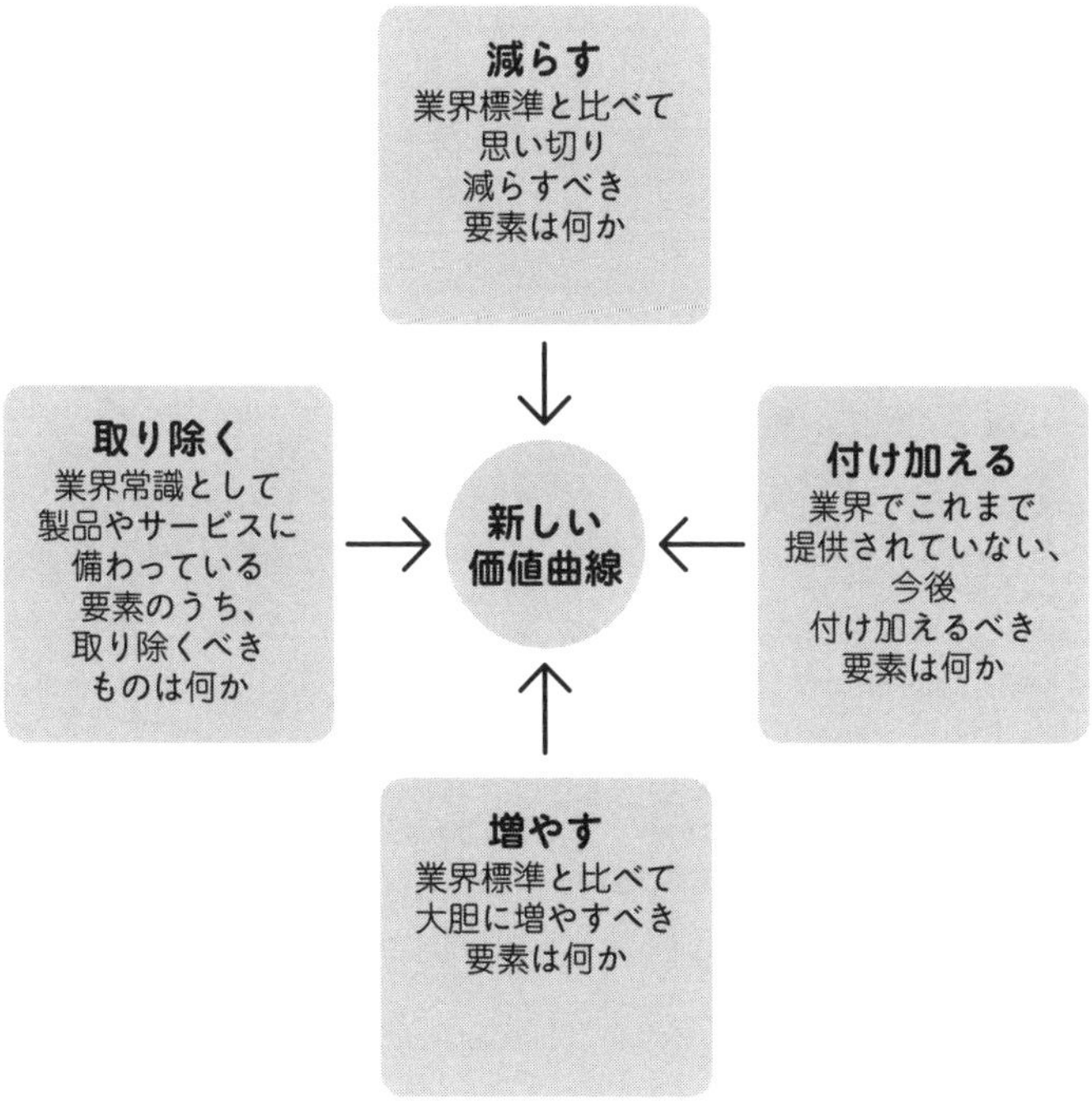

SWOT

3-2 弱みを強みに、脅威を機会に、ひっくり返す

ＳＷＯＴは、会社の内部に持つ強み（Strength）と弱み（Weakness）、外部にある機会（Opportunity）と脅威（Threat）という４つの視点で分析するフレームワークだ。分析対象となる企業の特徴と、その企業を取り巻く状況をきれいに整理できる。

問題はSo What!

ただし、きれいに整理しただけでは、何をすればいいかは見えてこない。So What!（だからどうする！）、これが問題なのだ。

４つの箱を埋めることばかり考えていると、ＳＷＯＴ分析は使い方を間違えて、誤った戦略を導いてしまう。特に欠点を直すことに一生懸命になりやすい日本人は、ＳＷＯＴの罠にハマりやすい。

例えば、体格がいい長距離ヒッターの野球選手に、「足が遅い」という欠点（＝弱み）があるとする。彼は、足を速くすることに時間をかけるべきか。答えはノーだろう。生まれつき足の遅い人が足を速くしようと頑張っても、無駄

ようすることにこういうこと

SWOT

企業の内部要因と外部要因を整理するフレームワーク

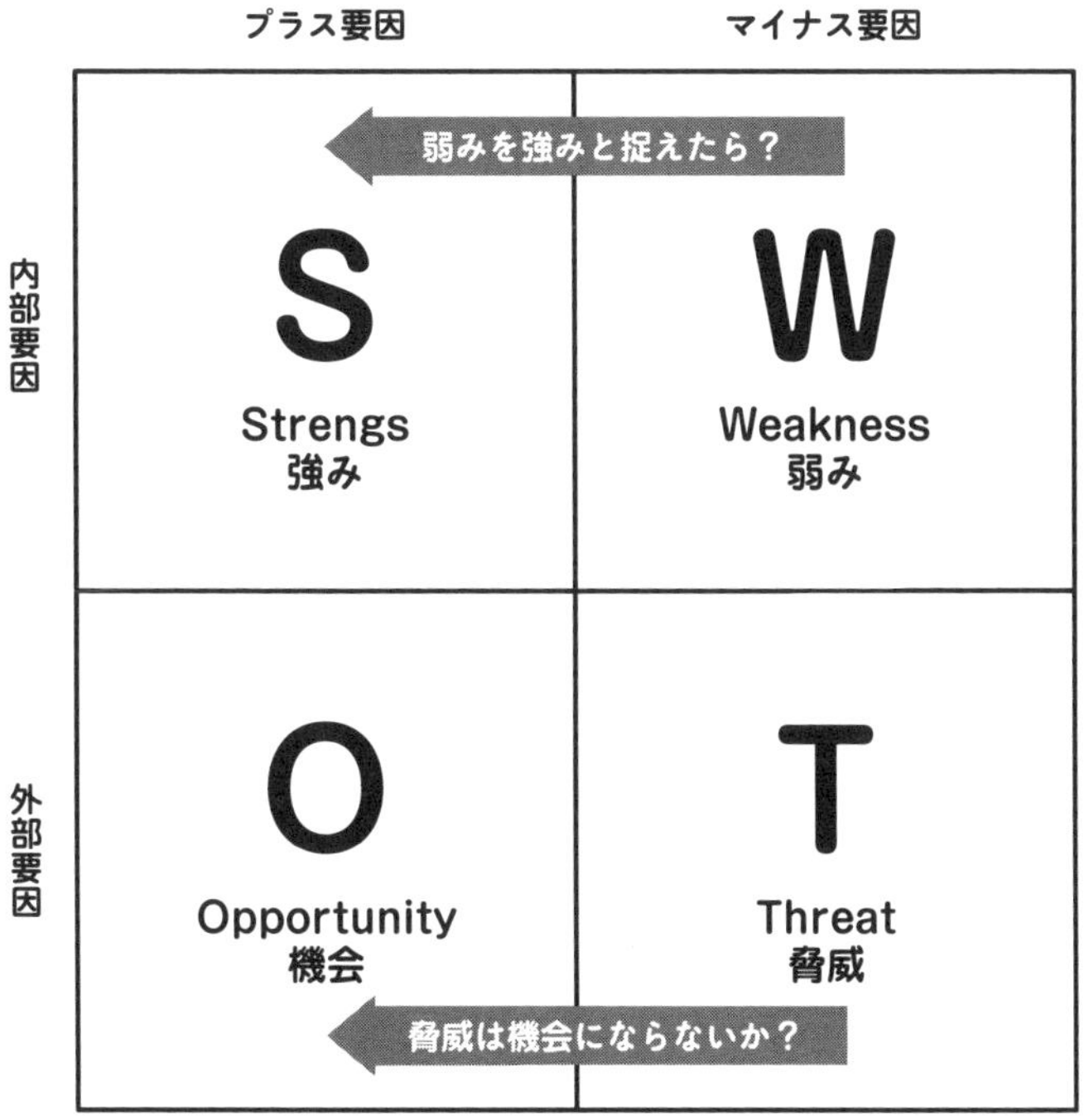

企業の現状、そして置かれた状況を分析するときの基本4要素を挙げている。この4つの要因を洗い出すことは、あくまでも「分析」に過ぎない。ここから「戦略」を立てるためには、分析結果を「いかにしてひっくり返すか」という発想を持つことが欠かせない。

な努力に終わる可能性が高い。下手をすれば、強みが失われる危険すらある。足を速くするための過剰な努力（例えばダイエット）によって、キーリソース（＝強み、後述のRBV参照）である「球を遠くに飛ばす力」が弱まり、平均的な選手になり下がるかもしれない。

こうなっては本末転倒だ。しかし、現実にSWOT分析の結果、同じような欠点克服戦略に多くの資産や労力を割いてしまう企業は少なくない。ユニークな個性を持つ企業を「金太郎飴」的な平凡な企業に退化させるなんて……。

弱みは致命的な欠陥にならないレベルまで引き上げておけばいい。将来の売り上げを生むのは、あくまでも強み（＝キーリソース）。これを徹底的に磨き続け、得意技から戦略を組み立てるのが正解だ。

あるいは、SWOTから、もっと大胆なSo What! を導くことを考えてもいい。弱みを強みと捉えたり、脅威を機会に変えたりすることができないかという視点を持つのだ。

地方都市にあるカメラ店の店主がSWOT分析をしたら、普通はどう考えるか。全国にお店を持っている量販店などと比べたら「弱み」だらけだ。

しかしジャパネットたかた創業者の髙田明氏はそう考えなかった。「地方都市にいても、ラジオ通販なら全国のお客様に届けられる」。ジャパネットたかたは、もともと長崎県の佐世保にある小さなカメラ店から出発した。そして、まずはラジオ通販を開始し、テレビ通販で飛躍した。

SWOTで重要なことは、4つの箱に書き込んだことを固定しないことだ。考え方を変えれば、4つの箱の中身は入れ替わる。

いったんマス目から外して考え直す。それが、素晴らしい So What! を生む。

ファイブフォース

3-3 「儲からない業界」の企業はどうするか？

競争戦略の大御所マイケル・ポーター教授が提唱したファイブフォース分析は、「この業界は儲かりやすいかどうか」を判断するためのフレームワークだ。ある業界への新規参入を検討する時などに、①業界内の競合、②新規参入の脅威、③代替品の脅威、④売り手の交渉力、⑤買い手の交渉力という「5つの力」を考えて、収益性を分析する。

これら5つの力によって、その業界における競争条件が定まり、収益性が定まると考える。わかりやすく言えば、「儲かる業界」を見分けるためのチェックポイントということだ。「独占度が高くなると過剰利益が生じる」という経済学の基本的な考え方に従っている。

「業界内の競合」が激しい場合、価格競争などによって収益性が低下しやすい。また、新規参入が容易な業界も、競合激化の末に、収益性が低下しやすい。

「代替品の脅威」とは、スマホが普及して、デジカメが売れなくなるといったケース。スマホのカメラ機能が充実して、デジカメを買う人が少なくなっている。

ようするにこういうこと

ファイブフォース分析

「儲かりやすい業界かどうか」を判断するためのフレームワーク。
ある業界への新規参入を検討するときなどに、

❶業界内の競合
❷新規参入の脅威
❸代替品の脅威
❹売り手の交渉力
❺買い手の交渉力

という５つの要因を考えて、収益性を分析する。

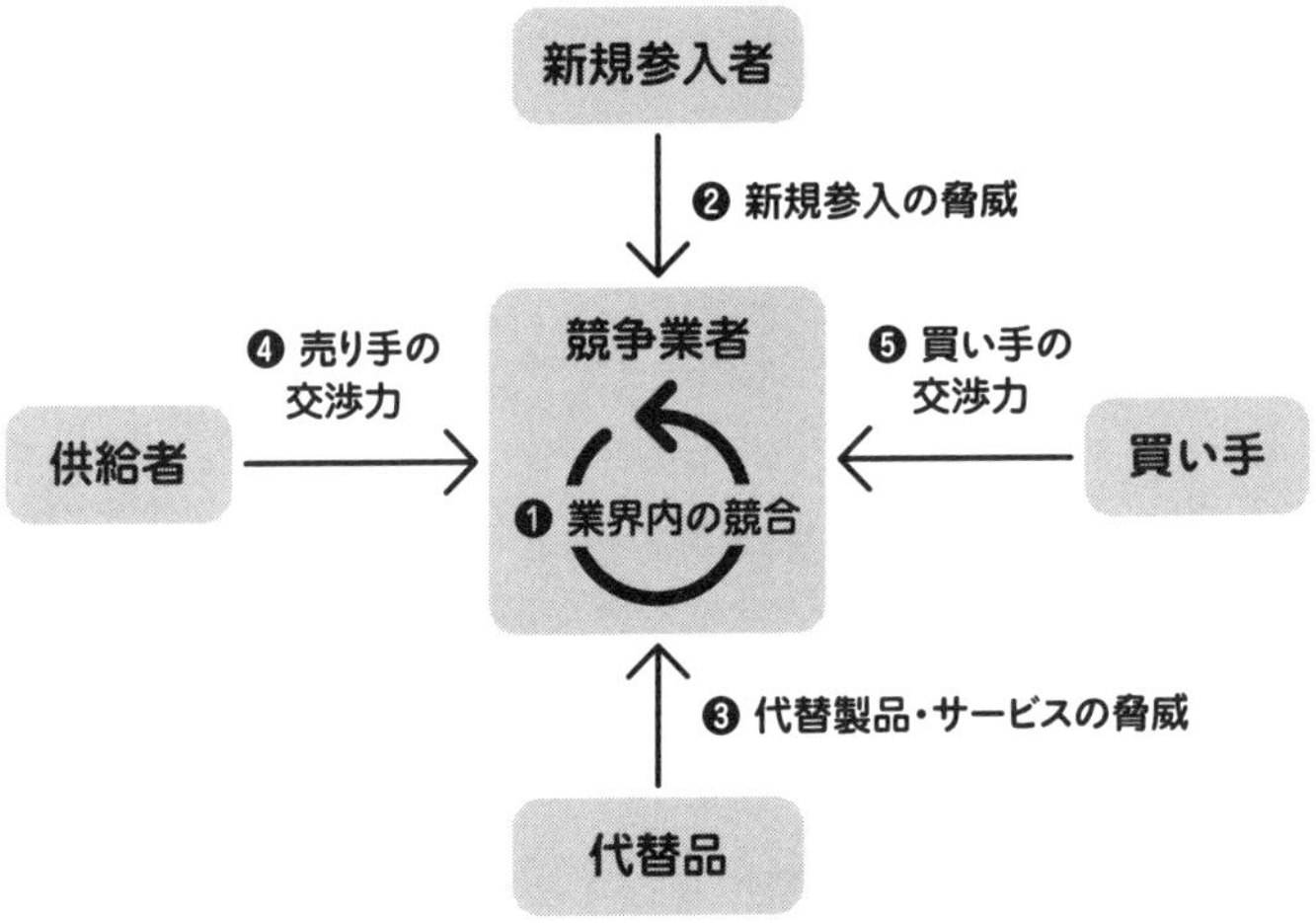

５つの要因の強弱と収益性の関係は以下の通り。
❶ 業界内の競合が強まる → 収益性DOWN
❷ 新規参入の脅威が強まる → 収益性DOWN
❸ 代替品の脅威が強まる → 収益性DOWN
❹ 売り手の交渉力が強まる → 収益性DOWN
❺ 買い手の交渉力が強まる → 収益性DOWN

「売り手の交渉力」「買い手の交渉力」とは、取引先や顧客との力関係の問題だ。

戦略グループを変えなさい

最近、特に関心が高まっているのが「代替品」だ。例えば旅行代理店にとって競合他社以上の脅威は、レジャーの代替品であるゲームやスマホだ。テクノロジーの革新によってイノベーションが起きる頻度が上がり、業界の常識をひっくり返す代替品が登場しやすくなっている。

これは対岸の火事ではない。どの業界でも、年を追うごとに変化のスピードは速くなっている。業界の存続に関わる「代替品の脅威」は、以前より身近になった。

逆に言うと、アウト・オブ・ボックス思考（型にとらわれない発想）のツールとして「代替品」の概念は重要だ。

では、この分析で「儲からない業界だ」ということが判明したら、どうすればいいか。その答えもポーター教授は提示している。同じ業界内でも「戦略グループ」によって5つの力の影響が違うので、利益率が高い戦略グループに移動することを検討しなさいという。

例えば、同じ製品を作っているメーカーでも、消費者向けなのか、企業向けなのか、どういう販売方法なのか、というような違いで戦略グループは分かれる。自社生産しているのか、アウトソーシングしているのかというような違いもある。そういう違いに注目して、どんな戦略グループを選ぶかによって、利益率が決まるとポーター教授は主張している。戦略グループを変えることをポジショニングという。

自社が属する業界が将来どうなるのか？　その予測がざっくりとした仮説であっても、考えられる戦略オプションはいくつも見えてくる。

3-4 コストリーダーシップ 差別化、集中

前項の「ファイブフォース」を提唱したポーター教授は、競争戦略の基本として、コストリーダーシップ戦略と差別化戦略を挙げている。

コストリーダーシップ戦略は、コスト競争力で他社との競争に勝とうとする戦略だ。要するに、値下げをしても、しっかり利益が確保できるような仕組みをつくる。構造的に低コストを実現して、量的な拡大を目指す。

差別化戦略は、価格以外の要因で他社との違いを作り、自社の製品を気に入ってくれている顧客にプレミアムな価格を受け入れてもらう。

ちなみに、日本語の「差別化」は英語の「differentiate」。つまり「違いを作る」という意味。製品のデザイン、機能、文化的文脈など、違いを生み出す選択肢は数多く存在する。

コストリーダーシップと差別化はトレードオフの関係になっているとされる。しかし、広義で考えると、いずれも「違いを作る」戦略だ。よって、2つの要素を組み合わせた戦略ポジションを作ることも可能だ。

例えば「俺のフレンチ、俺のイタリアン」はコストリーダーシップと差別化をうまくミック

スして戦略ポジションを築いている。本格的な料理なのに、安い。ブルーオーシャンの要素も盛り込み、ユニークかつ他にない運営形態だ。

選ばれる企業になる

そしてもう1つ、ポーター教授は集中戦略も戦略ポジションを作る選択肢になると説いている。市場の特定のセグメントに集中することで、顧客のニーズをがっちり掴み、選ばれる企業になることが大切と提唱しているのだ。

大切なのは、そのセグメントに集中する理由が必要ということ。顧客に選ばれる理由がなければ、集中戦略のポジションは単なる自己満足で終わってしまう。富裕層に支持されるブランド力やサービス、高感度層が満足できるデザイン力やパッケージング力など、提供する側の能力や実績がないと絵に描いた餅に終わる。

ようするにこういうこと

3つの基本戦略

コスト リーダーシップ 構造的に コストを下げて 価格競争力を強める。 量的拡大を目指す。	**差別化** 価格以外の要因で 他社との違いを作る。
集中 市場全体を ターゲットにするのではなく、 市場の特定部分に集中する。	

「ファイブフォース分析」から導かれる「ポジショニング」(前項参照)の基本が、この3つに整理される。大きくは「コストリーダーシップ」と「差別化」に分けられる。「集中」は、ターゲットにする範囲を絞ることを意味しており、「コストリーダーシップ」「差別化」のどちらの場合もある。

RBV

3-5 ライバルが持っていない「資源」を蓄積していく

RBV（Resource Based View：リソース・ベースド・ビュー）は、自分の強みを使って勝てる戦略を組み立てる、という考え方だ。野球に例えると、腕力のある選手は長距離ヒッターを目指し、足の速い選手は盗塁でかき回すということになる。

RBVで戦略を立てる第一歩は、キーリソース（Key Resource：成功のカギとなる経営資源）を見極めることだ。具体的には、有形資産、無形資産、ケイパビリティー（能力）、という3つの視点で、会社の持つリソース（経営資源）をリストアップする。

「有形資産」は工場や商品など。「無形資産」は商標権やブランド。「ケイパビリティー」は企業の体質や文化を指す。

後追いか、逆張りか？

架空の自動車メーカーX社を例に考えてみよう。この会社は長年、小型車で成功してきた、ちょっとスズキに似ている会社。キーリソースは次の通り。

ようするにこういうこと

RBV(Resource Based View)

経営資源(Resource)を基に戦略を組み立てる考え方。要するに自分(自社)の強みを生かすということ。

(例)野球選手の場合

キーリソース(成功のカギとなる資源) → 戦略

足の速さ → 盗塁で相手チームをかき回す

(例)小型車に強い自動車メーカーの場合

キーリソース

キーリソースを見極める3つの視点

① 有形資産
生産効率の高い工場

② 無形資産
大ヒットした
小型車のブランド

③ ケイパビリティー(能力)
低燃費のエンジン
を作る能力

→ 戦略

低燃費の小型車を
低コストで生産し、
低価格で販売する

※ 競合他社の後追いでハイブリッド車を開発するのは得策でない

RBVで企業戦略を立てるときは、①有形資産、②無形資産、③ケイパビリティーの3つの視点から自社の強みを探る。社内の経営資源を重視するRBVに対して、外部市場における自社のポジショニングを重視する戦略論もある。

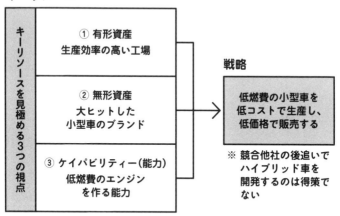

①有形資産：生産効率の高い工場
②無形資産：過去に大ヒットした小型車によって培われたブランド
③ケイパビリティー：低燃費エンジンを開発する能力

X社は、これら3つのキーリソースを駆使し、「低価格で低燃費の小型車を生産する」戦略で成功している。小型車に特化し、試行錯誤を重ねながら、有形、無形の資産とケイパビリティーを手に入れてきた。長年の努力の継続が、キーリソースを育てたと言える。

さて、ハイブリッド車が「エコカー」として人気の今、この会社はどんな戦略を取るべきだろうか。

ハイブリッド車にはエンジンと電動モーターを組み合わせたハイブリッドシステムが必要。ライバルは、そこに莫大な研究開発費をかけてきた。一方、X社の強みはエンジンの効率を徹底的に追求した燃費の良さ。パート2で紹介した「経験の経済」によって得た強みがある。

とすれば、後追いでハイブリッド車の開発に乗り出すより、「低価格で低燃費」という今の路線をより推し進めるべきではないか。ハイブリッド車以上のコストパフォーマンスを発揮できる低価格車を開発できれば、「エコカー」として十分魅力がある。

だが、画期的な技術革新が起きて、ハイブリッド車の燃費が劇的に向上したり、安くなったら？　もはや自社のリソースでは足りないと判断し、他社からハイブリッドシステムの供給を受けるか、それとも……。何らかの戦略転換を迫られるかもしれない。

情勢は変化する。自社の工場やブランド、能力などが、まだキーリソースとして機能しているか、常にチェックが必要だ。そこから新たな戦略が生まれる。

その資源は本当に強みになるか?

ここで問題は、自社のリソースが本当に強みになるかどうか。ジェイ・バーニー教授は、以下4つの視点で判断する「VRIO分析」を提唱している。

①Value（経済価値）
②Rarity（希少性）
③Inimitability（模倣困難性）
④Organization（組織的活用）

注意が必要なのは、資源は強みになると同時に、意思決定を縛る制約になる恐れがあることだ。かつてイノベーションを巻き起こした企業が新たなイノベーションに乗り遅れていく「イノベーションのジレンマ」を引き起こす。強みは永遠ではないのである。

ようするにこういうこと

VRIO分析

保有するリソースが競争力の強化に結びつくかどうかをチェックするためのフレームワーク。ジェイ・バーニー教授が提唱した。

Value どれだけの価値があるのか？	Rareness どれだけ手に入りにくいのか?	Inimitability 模倣するのにかかる費用や時間は膨大か?	Organization それを活かす組織作りができている?	→ 競争優位性のレベル
価値なし				→ 競争劣位
価値あり	希少でない			→ 競争均衡
価値あり	希少	模倣容易		→ 一時的競争優位
価値あり	希少	模倣困難	組織性なし	→ 持続的競争優位
価値あり	希少	模倣困難	組織性あり	→ 永続的競争優位

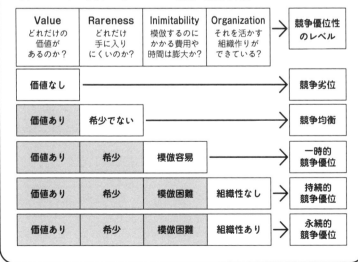

CAGE

3-6 世界展開で克服すべき「4つの距離」

ハーバードで最年少の教授になったことで知られる経営学者のゲマワット氏は、グローバルにビジネスを展開するときの視点として、「CAGE」というフレームワークを提示した。

世界はそんなにグローバルになっていない

要は、国と国を隔てている「距離（distance）」を物差しにビジネスを見る、ということ。グローバル企業が各国の事業を評価する際、「4つの距離」でポイントを整理することの重要性を説いている。

4つの距離とは、文化的距離、制度的距離、地理的距離、経済的距離だ。

文化的距離（Cultural Distance）を生み出すのは、言語、倫理観、宗教、社会的な慣習など。文化の違いによって、消費者の行動は異なる。食品や化粧品など、宗教の違いを加味して使う材料を変えることはあるし、洗濯や化粧の頻度に合わせて製品を小分けにパッケージすることもあるだろう。また、歴史的関係や特定の外国に対する敵意の有無など、文化的距離は多岐に

ようするにこういうこと

CAGE

グローバルビジネスの障害となる要因を整理したフレームワーク。国や地域を隔てる「4つの距離」を挙げている。経営学者のパンカジ・ゲマワット教授が提唱した。

Cultural Distance 文化的距離	言語、文化、民族、宗教 歴史的関係、生活習慣
Administrative Distance 制度的距離	法規制、税制、政治体制 通貨、金融市場
Geographic Distance 地理的距離	地理的関係、時差 気候、風土
Economic Distance 経済的距離	経済規模、成長性、個人所得 インフラ、資源、人材

わたる。

制度的距離（Administrative Distance）は、法や政治、社会インフラなど、「社会の土台」の違いだ。政治や金融市場の安定性は、その国でビジネスをする際に特に重要な課題になる。度重なる政情変化があり、法律や社会インフラが安定しない地域で事業展開するのは困難だ。

地理的距離（Geographic Distance）とは、文字通りどれぐらい離れているかという点に加え、気候の違い、海へのアクセス方法、国の面積などだ。例えば製造業の場合、製品の保管や物流など、事業構造に影響を与える要素が多く含まれる。

経済的距離（Economic Distance）は、消費者の収入レベル、天然資源、金融インフラ、人口ピラミッド構成、人材の教育水準、ＩＴリテラシーなどが含まれる。その国が持つ需要の大きさ、人件費を含めたコスト構造など、収益面に影響を与える内容が多い。

制約条件はチャンスになる

４つの距離をひとつずつ見てみると、多くの制約条件があることに気がつく。テクノロジーの進化で世界は近くなったとはいえ、グローバルビジネスでは越えるべきハードルがいくつも存在する。

この事実は、世界はまだビジネスチャンスに満ちていることを物語る。アービトラージの機会はたくさんあるのだ。そのチャンスを発見するためには、人と同じ視点で世界を眺めていてはダメなのだ。

ところで、ＣＡＧＥは、地政学と組み合わせて考えても面白い。時代の変化と国の隆盛、それを距離というキーワードで説明するのは頭の体操になりそうだ。

AAA

3-7 グローバル戦略は3つのAのメリハリをつける

前項の「CAGE」は単なるお勉強フレームワークではない。この整理の仕方をベースにして、ビジネスのネタを見つけることがゴール。そこでゲマワット教授はグローバル戦略を考えるための「AAA」というフレームワークも提唱している。

3つのAとは、アービトレーション、アダプテーション、アグリゲーションのこと。簡単に解説すると、違いの中から宝を掘り当てるアービトレーション（Arbitration）、違いを調整するアダプテーション（Adaptation）、違いを乗り越えるアグリゲーション（Aggregation）だ。

アービトレーション

アービトラージの機会を生み出すのは、経済的距離である天然資源、人口ピラミッド、給与水準などの格差。文化的距離や、制度的距離である税制、法律などの違いもアービトレーションの芽となる可能性を秘めている。

そこに歪みがあれば、儲けの機会がある。人件費の違いを利用し、中国が世界の工場になったのは誰もが知っている通り。その重心は東南アジアやバングラデシュなどに移ってきている。コールセンターをインドで運営したり、タックスヘイブンに法人を設立したりと、アービトレーションの事例は挙げ始めるとキリがない。

それぐらい、「世界は歪んでいる」ということだ。

ブランド力を利用して儲けるのもアービトレーションの一例。日本製であること自体、十分な訴求力がある。海外市場で、プレミアムを乗せた価格で売れるのは、文化的距離や経済的距離を活用したアービトレーションの事例になる。高値で売れる欧州のブランド品も、文化的な距離を利用したアービトレーションだ。

しかし、アービトレーションは魔法の杖ではない。歪みから商売の機会を見つけるツールに過ぎないことを忘れないように。

アダプテーション

次にアダプテーションの機会を考えてみよう。要は、現地に合わせてビジネスチャンスを見つけるということだ。

日本国内に定着した外国ブランドを見渡しても、事例は山のように存在している。抹茶フレーバーで成功したスターバックス、もはや米国発の痕跡を見つけるのも困難なセブンイレブンなど、現地の文化や社会制度に合わせてアジャストできれば、受け入れられる可能性は高くなる。

一方で、アダプテーションが製品やサービスの魅力を削り、大失敗に終わったケースは数えられないぐらいある。アダプテーションもまた、あくまでビジネス機会を見つける手法であって、成功法則ではない。

アグリゲーション

３つ目のアグリゲーションは、生産の集約化、製品やサービスの一本化などで戦略を作る考え方のこと。

例えばiPhoneのように、全世界で同じ製品を売り、同じ生産工場を使い、余計な手間とコストをかけずにビジネスを行う方法だ。他にも、生産拠点をある国に集約したり、コールセンターを１カ所にしたりと、いくつかのパターンがある。集約することでコストを抑えたままビジネスを行えるのは魅力だ。

しかし、実現にはハードルが高く、すべてのグローバル企業にとって選択肢にはならないだろう。M&Aの資料を見ていると、アグリゲーション実現を前提にし、「捕らぬ狸の皮算用」な価値創造試算を目にすることがある。

ようするにこういうこと

AAA

グローバル戦略の基本を3パターンに整理したフレームワーク。CAGEと同じ経営学者のパンカジ・ゲマワット教授が提唱した。

3つのAは、一般的にはトレードオフの関係になりやすい。例えば、製品のAdaptation（現地適応）を推進して、仕様を国や地域に合わせていくと、Aggregation（集約化）は難しくなる。そういう場合は、集約化する部分と現地適応する部分を分けて、対応を考えていく。

ドメイン

3-8 事業範囲の決め方で未来は変わる

どこの企業にも本業があり、周辺分野があり、事業の範囲を何らかの形で定めている。やることを決めずに「何でもやる」という会社が成功するはずがない。

では、どういうふうに事業領域（ドメイン）を設定すればいいのか。

キーリソースとの組み合わせで考える

ドメインと表現すると堅苦しいが、要は自社でカバーする範囲ということ。前述したＲＢＶと組み合わせて考えるとわかりやすい。

自社がキーリソースを持っていて、ユニークな戦略ポジションを作れるなら、そのビジネス領域はドメインになる。

例えば、独自に開発したセキュリティー技術を保持する企業であれば、このセキュリティー周辺事業は何としても自社で守る。

逆に、得意ではない領域を自社でカバーすると、効率が悪くなる。他社が真似できないぐらい優れた製品を持つメーカーが、営業や物流はまったく苦手というケースもあるだろう。不得意な事業領域であれば、他社に任せたり、提携したりという選択肢を検討すべきだ。経営資源は無限ではない。資金も人材も、儲けの源泉であるキーリソースに集中すべきだ。

設定を変えるとチャンスが見えてくる

ドメイン設定を変えてみることで、新たなビジネスチャンスが見えることもある。「プリント企業ではなく、生活化学技術を開発する会社」のように、企業活動を翻訳してみる。

アマゾンは「オンライン書店」から「オンライン物販」になり、生活娯楽サービス提供企業に進化し続けている。ブランドと決済、レコメンド機能といったキーリソースをテコに、次なる事業ドメインを発見し、拡大してきた。こうした身近な事例から、ドメインの定義についてヒントを得られる。

ようするにこういうこと

ドメイン

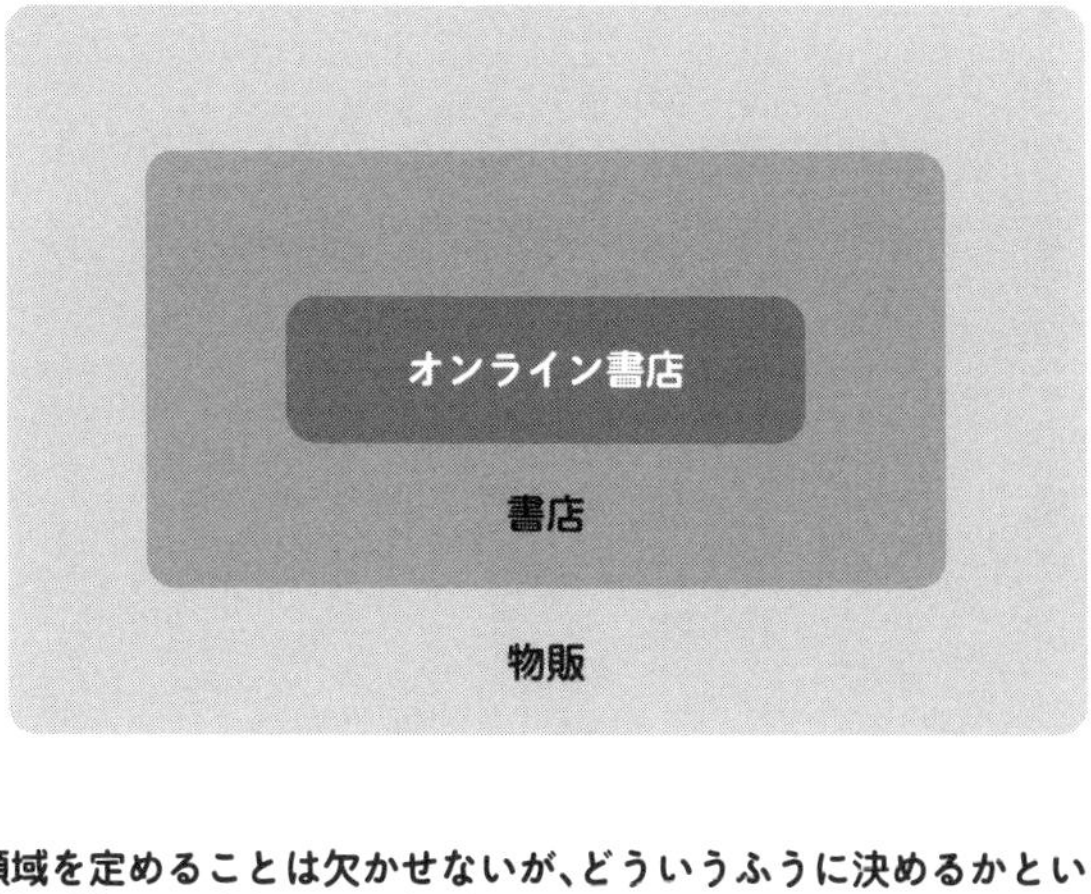

事業領域を定めることは欠かせないが、どういうふうに決めるかということは、意外と難しい。注力すべき領域は絞り込んだ方がいいが、将来の可能性を限定しすぎることも避けたい。企業の置かれた状況に合わせて考える必要がある。

3-9 ▸ 戦略思考の基本中の基本

ビジネスの打ち手を考えるときに意識すべき基本3要素を挙げたものとして、この3Cは広く知られている。3Cとは、顧客（Customer）、競合（Competitor）、自社（Company）を指す。

顧客のニーズや市場規模、競合の戦略や製品特性、自社の強みや収支などをそれぞれ分析して、戦略立案に役立てるというわけだ。それぞれのCの中身は決まっているわけではなく、顧客、競合、自社のあらゆることが分析対象になる。

この3Cは、あまりにもシンプルかつ抽象的なので、何をどう分析したら戦略のヒントが得られるかということは明確ではない。競争戦略の基本的な考え方を、備忘録として3つの要素に分解しただけ。よって、これだけで成功する戦略を作れるわけではないが、頭の整理をする際には役に立つ。

社内がバラバラのことを考えていると…

例えば、業績の悪化を食い止めるために、従来の戦略を見直す必要が生じていたとしよう。

そういうときに起きがちなのは、営業は顧客の注文に引っ張られ、工場や店舗などは現場の都合を主張し、経営陣は競合を眺めているうちに隣の芝生が青く見えてしまう、というように考えがバラバラになること。そうすると「現場のこだわりが顧客に受けなかった」「顧客に喜ばれているのに儲からない」「競合に勝とうとしたら顧客にそっぽを向かれた」というような事態に陥りかねない。

打ち手が的外れになっていないかどうかを点検するには、3Cの組み合わせをチェックすることが重要だ。要は、3つがちゃんとロジカルに結びついているか、ということだ。

戦略思考ツールは丸暗記するだけではなく、それを手がかりにしてロジックを整えることを意識していれば、ビジネスの場面で応用できる道具になるのだ。

ようするにこういうこと

3C

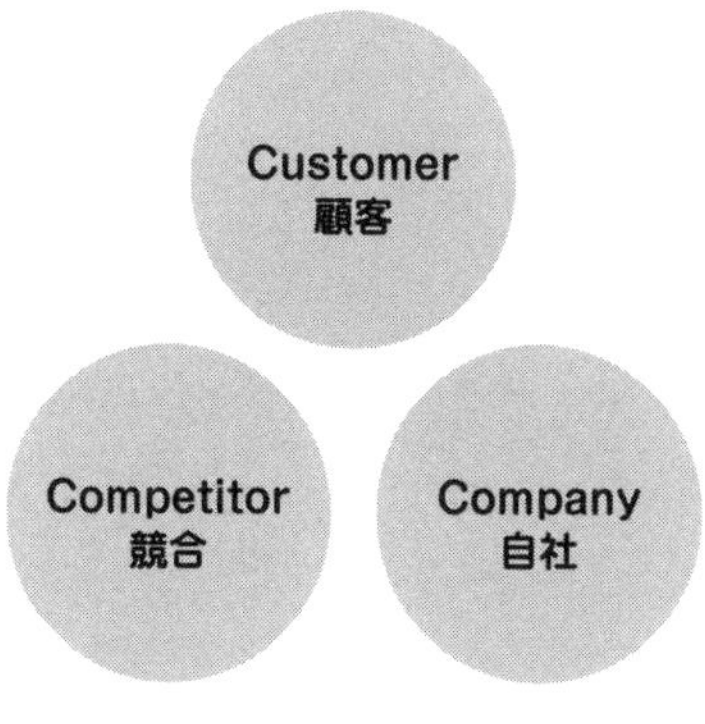

経営戦略の分析や立案をするときの基本的フレームワーク。ビジネスにかかわる人は誰でも、少なくともこの3者の視点から考えることが欠かせない。

▶PART4

マーケティング思考

STP

4-1 顧客を分けて、選んで、訴求する

ＳＴＰは、セグメンテーション（Ｓ）、ターゲティング（Ｔ）、ポジショニング（Ｐ）の頭文字を組み合わせた略語。マーケティングの基本的な考え方をまとめたフレームワークで、実用度も高い。

買ってくれそうな人の特徴を的確に捉える

セグメンテーションとターゲティングは、ひとつのかたまりと考えてもいい。要は、「誰に対して」アクションを起こすのかを決める、ということだ。

人の好みはそれぞれ違う。それを何かしらの分析軸でグルーピングすることがセグメンテーションだ。年齢や性別といったシンプルなものから、性格や嗜好などでセグメンテーションする場合もある。分析軸の選び方は重要で、自分たちの商品やサービスを買ってくれそうな人たちの特徴を的確に捉えられる基準を選ぶことが重要だ。

そして分類した顧客層の中から、どこを選ぶかを決めるのがポジショニングだ。

ようするにこういうこと

STP

マーケティングの基本となるフレームワーク。誰を狙って、どうアピールするかを整理する。

Segmentation
セグメンテーション

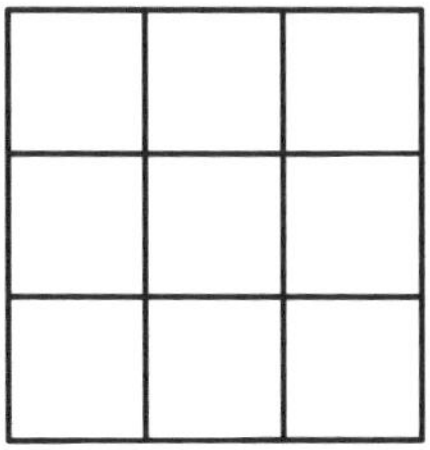

顧客を分類する。分類の基準は、「何に価値を感じるか」というベネフィット、生活習慣などのライフスタイル、年齢や年収などが候補になる。

Targeting
ターゲティング

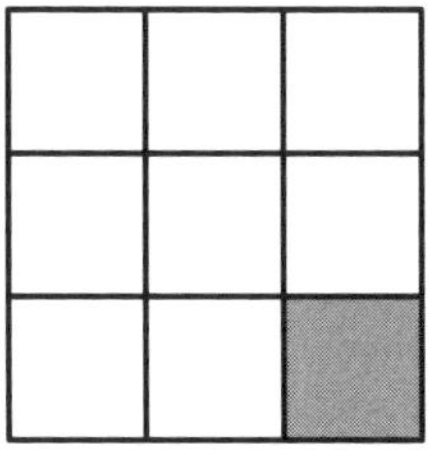

どのセグメントを狙うかを決める。すべての人が使いたくなる商品・サービスであれば、すべてのセグメントを狙えるが、ターゲットを絞るのが基本だ。

Positioning
ポジショニング

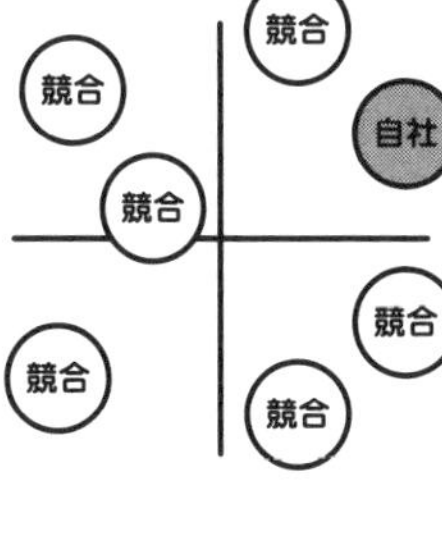

顧客の中での位置づけを明確にして訴求する。ライバルの商品・サービスとの違いをターゲット顧客の頭の中に植え付ける。

セグメンテーションとターゲティングが的外れでは、売れるものも売れなくなる。例えば低コスト・低価格型の商品を高級志向の顧客セグメントに訴求できるかは疑問だ。

昨今のビッグデータで、色々な切り口でセグメンテーションできるようになったため、統計マーケティングの専門家には腕の見せ所。コンサルティング会社が顧客データやアンケート結果を精緻に分析するのも、独自のセグメンテーションや、そのセグメントが何に反応するのか答えを見つけ出したいから。反応する触媒がわかれば、彼らはターゲット顧客になる。

王道で勝てないならニッチを狙う

自社の強みが幅広い層に受け入れられるなら、極端な戦略ポジションをとる必要もないだろう。その逆もまた然りで、王道で勝てないのなら、ニッチな狭い顧客セグメントをターゲットにすることが求められる。

セグメンテーションをして、ターゲットを決めたら、ポジショニングを明確にする。ターゲット顧客の頭の中に、製品やサービスなどのイメージをしっかり位置付けてもらうのだ。

次項で解説する4Pをふまえつつ、「ライバルとの違い」を顧客に知らしめる。その企業や製品に固有の強みを生かしてポジショニングを行うことは、ビジネスで成功する必要条件になる。

蛇足になるが、ポジショニングは時間と共に変わることも忘れてはならない。ライバル企業が戦略を変えれば、お互いの立ち位置はまた変化する。

ビジネスは、常にポジショニングを考え、修正し続けないと勝てないゲームなのだ。

4P

4-2 ▸

製品、価格、立地、販促をうまく組み合わせる

市場で独自のポジションを獲得するには、マーケティングの活動をうまく組み合わせることが大切だ。

プロダクトを核に全体をロジカルに設計

マーケティングの4Pは、その組み合わせを考えるときの要素を整理したフレームワークだ。プロダクト（製品）、プライス（価格）、プレイス（立地）、プロモーション（販売促進）の4つの視点で、商品をどういうふうに売っていくのかを考える。

4つのPの核になるのはプロダクト（製品）で、これが他の3つのPとロジカルに結びつく必要がある。要は、4つのPは、それぞれを別々に考えた部分最適ではなく、互いにうまく相互作用するような全体最適になっていることが欠かせない、ということだ。

例えば、どんなに製品が優れていても、価格が高すぎたり、販売する場所が不適切だったり、広告などの販促が的外れだったりすると、その製品はさっぱり売れない。だから戦略に合

わせて4つのPを最適に組み合わせていくことが重要だ。

モスバーガーとマクドナルド

モスバーガーとマクドナルドを比較しながら、具体的に考えてみよう。

モスバーガーのプロダクトは、テリヤキバーガーやライスバーガーなど独自性のあるハンバーガーだ。マクドナルドのハンバーガーに比べると食材コストは高く調理の手間もかかるので、価格は高めだが、「モスのハンバーガーが食べたい」と、離れた場所まで足を運んでくれるファンも多い。

一方、マクドナルドは低価格のハンバーガーをファミリー客や高校生などに大量に売る戦略を取っている。前述した「3つの基本戦略」の中のコストリーダーシップ戦略がマクドナルドの戦い方だ。だから集客もしやすいように、お店の立地は人通りの多い駅前や繁華街などを選んでいる。

モスバーガーは一等地ではない場所でファンを相手に商売している。その分、店舗の出店コストは安くなる。また、マクドナルドのように大量販売を追求しているわけではないので、販売促進にはそれほどマスメディアを使わない。むしろ店舗内のポスターなどで素材の充実などを伝えることを重視している。

モスバーガーはこういうふうに4つのPを組み合わせて、業界最大手のマクドナルドとは好対照のハンバーガーチェーンとして独自の道を進んできた。

こうした簡単な事例からも、プロダクトを基点にして、4Pをロジカルに組み合わせることの重要性がよくわかる。全体最適を実現する組み合わせを探っていこう。

ようするにこういうこと

4P

マーケティングの基本要素を整理したフレームワーク。この4つのPを全体としてうまく組み合わせること（全体最適）が重要になる。個々の要素が優れていても、全体としての一貫性がなければ、効果は上がらない。

Product 製品 製品、サービス、品質、デザイン、ブランドなど	Price 価格 価格、支払条件など
Place 立地 立地、チャネル、流通範囲、物流など	Promotion 販売促進 広告、ポイントなど

（例）モスバーガー vs マクドナルド

	モスバーガー	マクドナルド
製品	独自性重視	大衆性重視
価格	高め	安め
立地	家賃の安い場所	繁華街などの一等地
販売促進	店内ポスターなど	マスメディアなど

AIDMA、AISAS

4-3 できのいい広告が満たす条件

米国の広告実務家だったサミュエル・ローランド・ホール氏は、広告に反応する消費者の購入プロセスは、5つのステップに分解できるという考え方を唱えた。その5つの頭文字がAIDMAだ。

具体的には、次の5つのステップに分解される。

A（Attention）：気がつく
I（Interest）：興味を持つ
D（Desire）：欲しくなる
M（Memory）：記憶する
A（Action）：購入する

広告の効果を上げるためには、まずは顧客に気づいてもらう必要がある。つまり目に留まるようにすることが欠かせない。

次に大事なのは興味を持ってもらえるように商品のメリットなどを伝えることだ。そして「欲しい」という気持ちをくすぐる内容を盛り込む。ここまでは、グッとくるキャッチコピーやビジュアルを作ることが重要だ。

ただし、広告を見ただけで終わってしまい、内容が忘れ去られ、購買に結びつかないのでは意味がない。だから広告内容を記憶してもらえるように、「インパクトのある情報」などを取り入れる。

さらに、購入行動に向かわせる具体的な情報として、店の地図や問い合わせ先の電話番号などを伝えることも欠かせない。

と、ここまでが教科書的なＡＩＤＭＡの説明。少し実践的な内容を補足したい。

筆者はマーケティングの実務経験があるが、実際には最初のＡとＩ（気づく、興味を持つ）はほぼ１つのアクションで、次にＤ（欲しくなる）が来て、Ａ（購入）につながるという、３つのプロセスに近い。人間の購買プロセスは瞬間的なアクションでもあるし、よりシンプルな３つのプロセスで考えたほうが実践的だ。

ＡＩＤＭＡが提唱されたのは、実は、今から

ようするにこういうこと

AIDMA

広告によって消費者に購買行動を起こさせるためには、この5つのステップを満たす必要があるとされる。

１００年近く昔の１９２０年代のこと。情報環境が進化した現代では、少々形を変えて使う必要がありそうだ。

ネット時代の重要項目

ネットマーケティングが全盛になったのに合わせて、「Search（探索）」や、友人などのコミュニティの間で情報を共有する「Share（共有）」を加えた５つのプロセス「ＡＩＳＡＳ」という考え方もある。これは電通が提唱した。こちらのほうがネット時代の肌感覚に近い。

オンラインでの購入と、店舗での購入ではプロセスを調整して使う必要がありそうだ。古典的なＡＩＤＭＡをベースに、ケースバイケースでアジャストすれば良い。最終的なゴールは、マーケティング手法を使って結果を出すことなのだから。

ようするにこういうこと

AISAS

インターネットの普及に伴って、消費者の購買行動には「検索する」「共有する」という新たな要素が加わった。

A	I	S	A	S
Attention	Interest	Search	Action	Share
気づく	興味を持つ	検索する	購入する	情報を共有する

ブランディング

4-4 「尖り」と「哲学」で強烈にアピール

ブランド論は、抽象的なものと思われがちだが、シンプルに理解できるフレームワークもある。キーワードは「尖り」と「平均点」、そして「哲学」。

その中でも核となるのは「尖り」。これは、戦略論で使う強みやRBVのキーリソースといった考え方の延長線上にある。すなわち、「尖り」＝「圧倒的な強み」。これさえ持てば、強烈なブランドとして認識される。

強みやキーリソースとの違いがあるとすれば、「尖り」はより強烈で、競合他社を畏怖させるぐらいの強みであることだ。サッカーで言えば、メッシやロナウドといった猛烈にすごい選手を目の当たりにすると、ほかの選手たちは、ライバル心を通り越してリスペクト（尊敬）せずにはいられない。その感覚に近い。

カイゼン意識は捨ててしまう

アマゾンが到達した「圧倒的な商品数」、iPhoneやMacBookに代表されるアップルの「革新的デザイン」など、尖り方にもいろいろある。セブンイレブンの店舗網やユニクロの浸透度も、やはり強烈なすごみがある。強いブランドには、例外なく「圧倒的にすごい何か」があるのだ。

次に「平均点」。「弱み」はあって当然だが、そこもライバルの「平均点」くらいまでは引き上げておく必要がある。ただし、必要以上に労力をかけてはいけない。

日本人は弱みを意識しすぎる傾向がある。一方で、自分の強みや魅力には、意外と気がついていない。過度の「カイゼン意識」は捨ててしまうぐらいの割り切りが必要なのだ。

消費者は感動を求めている

ブランド構築に必要な最後のポイント、それは「哲学」だ。

人は常に感動を求めている。買い物のときもそうだ。もしも「尖った」商品の背後に、心揺さぶる物語があるとしたら……。そこに作り手のこだわりや矜持があるとしたら……。きっと消費者は心酔し、そのブランドの信奉者になる。

ハーレーダビッドソンという大型バイクは、権力にたやすく迎合しない「反逆者」の哲学に支えられている。映画『イージー★ライダー』のイメージと骨太のエンジン音は、1つの文化と呼べるほどだ。その哲学を体現する大型バイクを世に送り出し、尖り続ける。ここにハーレーの価値がある。

ブランド論は、ビジネスパーソンの生き方にも示唆を与える。自分の「尖り」とは何か、「平均点」で妥協すべき部分は何か。「尖り」を支える「哲学」はあるか。弱みも含めて、自分を冷徹に客観視できなければ、答えは出ない。直視したくない現実も受け入れる強さを、あなたは持っているだろうか。

ようするにこういうこと

ブランドが成立する3条件

❶「尖り」　＝競合他社を圧倒し、畏怖させるほどの「強み」を持つ

❷「平均点」＝「弱み」も競合他社の平均レベルはクリアしている

❸「哲学」　＝「強み」の背後に、買い手を感動させるこだわりや物語がある

(例)平凡な低価格アパレルとユニクロの違い

平凡な低価格アパレル

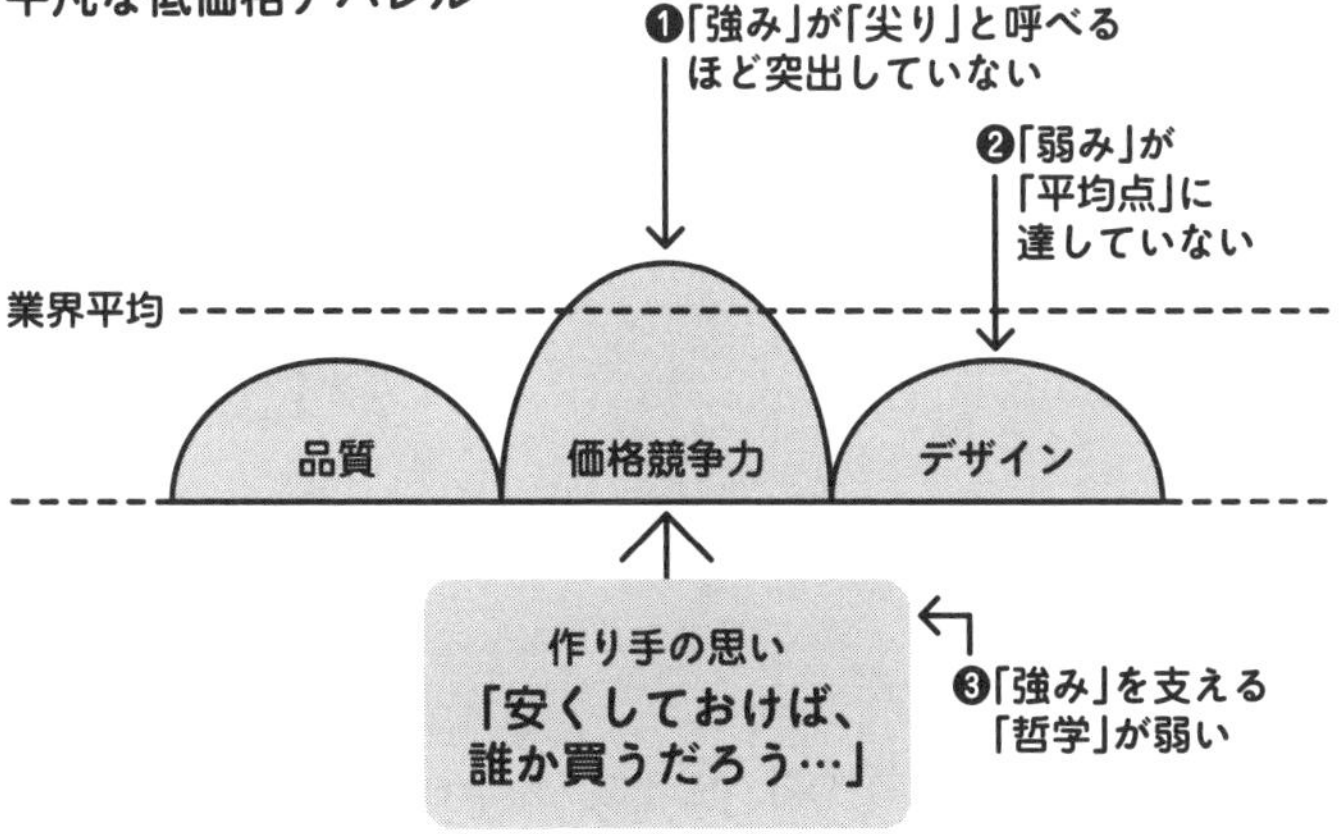

ユニクロの場合

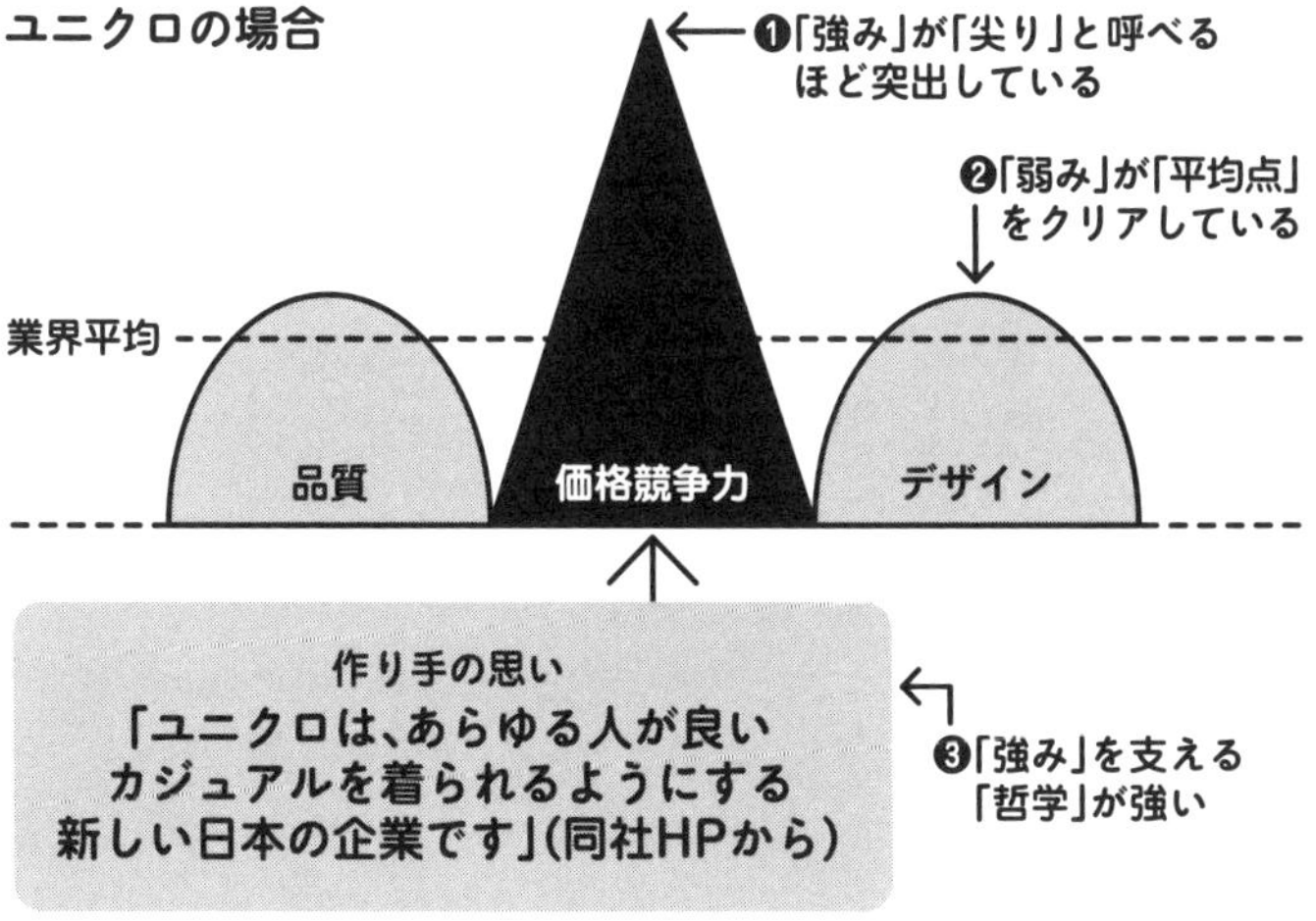

4-5 思いがこもった「製品の秘話」を売る

何気なくつけたテレビで目に留まったドラマ。興味があったわけでもないし、途中からしか見ていないのに、なんとなく続きが気になって、結局、最後まで見てしまう……。物語の持つ力は、それ自体が大したものだ。物語には、ちょっとでも巻き込まれると、容易に離れられなくなる。

要は、続きが気になって仕方がないのだ。犯人は誰？　主人公はこの後どうなる？　物語が持つシンプルな魅力は、いつの時代も人の心を掴んで離さない力を持っている。

そんな物語の魅力を活用して、人々にプレミアム（割増金）な価値を認めてもらうのが、いわゆる「物語マーケティング」の考え方だ。

例えば、高級ブランドのバッグ。物語の幕開けは、誕生秘話だ。創業者が抱いた情熱と直面した苦難。その思いを引き継いだ職人たちが磨いてきた技……。それらが神話のように語られ、そのバッグを持つだけで高い階級に上がれるような錯覚を生む。選ばれた者だけに許される上質な生活。そんなイメージが、人々を魅了する。

とはいえ、今のご時世、高級ブランドに手を

ようするにこういうこと

物語マーケティング

商品やサービスに「物語性」を持たせることで、消費者の関心を引き、高い値付けや継続的な取引関係を可能にするマーケティング手法のこと。

❶ 目立つ
＝ 消費者の関心を引きやすい

❷ 魅力的に見える
＝ 購買につながりやすい、価格を上げやすい

❸ 愛着が生じる
＝ リピートにつながりやすい

…といった効果が期待できる。

物語マーケティングの事例

	高級ブランドのバッグ	自然派の化粧水	若い熱血営業社員
物語のあらすじ	理想に燃えた創業者の思いを引き継いだ職人たちが技と知恵と汗を結晶させ…	天然由来の素材を使い、無添加、無着色。手作業の多い製造法にもこだわり…	少しそそっかしいが、理想に燃える若者が、周囲の叱咤激励を受けて成長し…
消費者(取引先)が得るもの	「選ばれた品を持つ選ばれた人間＝私」という自己イメージ	「ナチュラルでエコ・フレンドリーな消費者＝私」という自己イメージ	「前途有望な若者を育てる良き社会人の先輩＝私」という自己イメージ
企業(商品やサービスの供給者)が得るもの	ノンブランドのバッグと比べて数万〜数十万円高い単価、など	自然派をうたわない場合と比べて数百〜数千円高い単価、など	長期的に持続可能で良好な取引関係、など

出せる人は限定される。代わって勢いを増しているのが〝プチ贅沢品〟。素材にこだわった食品や化粧品が人気を集めているのは、そこに心を癒す物語があるからだ。製品やサービスそのものだけでなく、その背後にある物語に価値（バリュー）を見いだし、味わう。払った価格は、そのバリュー全体への対価だ。

買い手がプレミアム価格を払いたくなる

　不景気だからといって、ドラッグストアの特売品で出費を抑えてばかりでは、気持ちもすさんでいく。たまには、天然成分を使って製法にもこだわった化粧水で、少し贅沢な気分に浸りたい。ナチュラルでエコな物語を消費して、楽しい時間を過ごしたい。だから、ちょっとだけ余分にお金を払う……。買うほうがそこに価値を認めてプレミアム価格を払っているのであれば、正当な商売として成立している、と言えそうだ。

　物語が持つ魅力は、「ビジネス人間関係」の構築にも一役買うことがある。

　飛び込み営業で出会った、強面だけど頼りになる取引先のオヤジ。納品遅れで怒鳴り合いになった夜、仲直りに案内された場末の飲み屋。業界の向かうべき方向について、明け方まで語り合い……。積み重なった共通の時間が、１つの物語として、２人の心の中に滞留する。

　あなたが新しい商品や提案を持っていけば、次の章が幕を開ける。途中で終わらせてしまうのが惜しい現在進行形の物語。それこそが人脈であり、顧客基盤。ビジネスの資産も、物語の魅力の上に成り立っている。

　皆さんの履歴書に日々、刻まれていく新しいストーリー。その１つひとつが魅力的な物語になることを願ってやまない。

神話の法則

4-6 人を魅了するストーリーの基本形

物語マーケティングの効果を上げるには、その物語が魅力的である必要がある。

人を魅了する物語には作り方がある。要は、「幸せの青い鳥」のフレームワークなのだ。

失われた何かを探す冒険の旅

失われた何かを探しに行く。それが冒険の旅になり、対峙すべき敵がいる。そこに自分探しや謎解きが織り込まれ、物語は多層構造となって読み手の心をつかみ続ける。古典的かつ、映画やテレビ、小説などで使い古された手法ではあるものの、基本は変わらない。

冒険は人を魅了する。『スター・ウォーズ』はまさにこの典型例。地球上ではもはや未知の世界がない。よって宇宙が舞台になる。日本の多くのアニメが宇宙を舞台に物語を展開したのと同じ手法だ。

あるいは宇宙ではなく架空の世界で冒険する手もある。『ワンピース』はまさにその事例。また歴史小説もある意味似た手法がとられている。史実が換骨奪胎され、多くは英雄物語として壮大に展開される。

人の心を掴む、こうした物語の装置はマーケティングに埋め込まれている。物語としては陳腐であっても、人の潜在意識を刺激する目的で、物語が使われることがある。

本能的な欲望は、簡単に人の興味をひく。金持ちになりたい、異性にもてたい、偉くなりたい、有名になりたい、などなど。こうした「青い鳥」を見つけ出す物語は力を持つ。そして冒険エピソードが象徴的に使われ、途中で使った武器やツールは、成功をもたらす魔力をまとう。消費者は、無意識のうちにその商品が欲しくなる……。こうした手法がTVCMなどに利用されていると感じることもあるだろう。

神話学者が体系化

人を魅了する物語には、神話との類似性があるという指摘もある。神話学者のジョーゼフ・キャンベル教授は、「ヒーローズ・ジャーニー」と名付けて、人を魅了する物語の特徴を体系化した。

『物語戦略』(日経BP社)によると、NHKの朝ドラで大ヒットした『あまちゃん』も、ヒーローズ・ジャーニーの法則が当てはまるという(次ページの図表参照)。

神話の持つ力は強力だ。教養、倫理感など、神話の中には社会での行動規範を示す価値基準が隠れている。神との一体感、宗教の教義などがショートストーリーと組み合わされ、心の一部となる。

ナショナリズムの高揚や過激思想の醸成に神話的なアプローチが使われるのに気がつくだろうか。昨今の国際ニュースには、こうした要素が持ち溢れている。神話の法則は、正義の名の下に使われることを願ってやまない。

ようするにこういうこと

ヒーローズ・ジャーニー

人がおもしろいと感じる物語の特徴をまとめた「神話の法則」のフレームワーク。『スター・ウォーズ』や『あまちゃん』もこの法則が当てはまる。

(例)　　　の部分は「あまちゃん」の物語(『物語戦略』より)

日常　**主人公は日常に生きているが、どこか不満を感じている。**

東京で生まれ育った16歳の天野アキは、暗く引っ込み思案なタイプ。

分離　**主人公は、ある出来事によって日常から引き離される。**

母の故郷である北三陸に行き、祖母の後を追って海女となる決心をする。

敗北　**主人公は自分が持つ欠点によって、主人公は一度敗北する。**

思いがけないことから人気を得て地元のアイドルとなるが、調子に乗ったアキに対して母が猛反対し挫折。

試練　**主人公は欠点を克服、あるいは成長した後、敵に最後の闘いを挑む。**

一念発起して上京し、アイドルグループに加盟するが、事務所の方針に合わず冷遇される。

勝利　**主人公は試練を超え、勝利をする。**

大女優の付き人をきっかけとして、映画の主役の座を射止めて人気を博す。

帰還　**成長し、主人公は日常に戻っていく。**

3月11日をきっかけに北三陸にもどり地元のアイドルとして復興に携わりながら家族、親友、仲間とともに成長。

4-7 つい買いたくなる「おすすめ」のアルゴリズム

インターネットのテクノロジーなどを利用した新しいマーケティングの手法が次々と開発されているが、その基本的な考え方は1つ。ターゲットの顧客にいかに的確に訴求するかということだ。

誰に、どんな情報を伝えると、どう反応するかということは、顧客の購買履歴データなどを基にして仮説が立てられる。統計的な相関関係（パート5で後述）を調べることで、ターゲットを見つけて、訴えるべき内容を決めていく。

よく知られている例で解説しよう。

ベクトルとコサインを思い出そう

オンライン書店で本を購入すると、似たようなジャンルの本がおすすめ表示される。「この商品を買った人は、こんな商品も買っています」。これは購買履歴を利用したマーケティングの基本的手法だ。

同じ本を購入した人の過去の購買データをすべて集めて、購入された件数が多い書籍を順番に並べているように見えるが、もう少し複雑だ。仮に購入件数だけで表示がなされていたら、ランキング上位のベストセラーだけになってしまう。オンライン書店で使われるレコメンデーションは、相関を応用している。

ここで数学で習ったベクトルを思い出そう。ベクトルは方向と大きさを表す概念だ。（2、5）や（3、-2）といった座標で表記されることもある。

もう1つ、三角関数も思い出そう。コサイン（cos）が関係してくる。コサインは角度によって決まる数値だ。次ページの図のように、ベクトル$\vec{a}$からベクトル$\vec{b}$に垂線を引くと、その長さは$a\cos\theta$になる。

「角度」で相関度を数値化

このコサインの値が相関係数になる。角度が60度だったら、cos θ＝0・5、つまり相関係数は0・5だ。角度が小さいほどcos値は1に近くなり、2本のベクトルの方向が一致すると値は1になる。2本のベクトルが180度真逆を向くと、cosの値は-1になる。

ビジネスで応用される相関係数は、いくつかのプロセスからデータをベクトルに変換して計算される。テキストマイニングも、あるロジックで数値化され、n次元のベクトルに変換された後に、コサインで相関度を計算する。

協調フィルタリング

以上のような相関関係を使って、オンライン書店は「この商品を買った人は、こんな商品を買っています」と商品リストを表示する。その方法が「協調フィルタリング」というアルゴリズム（計算手順）だ。

協調フィルタリングは次のような仕組みで動く。ネット書店のお客さんの購入履歴は、計算

ようするにこういうこと

2つのベクトルの角度と相関係数

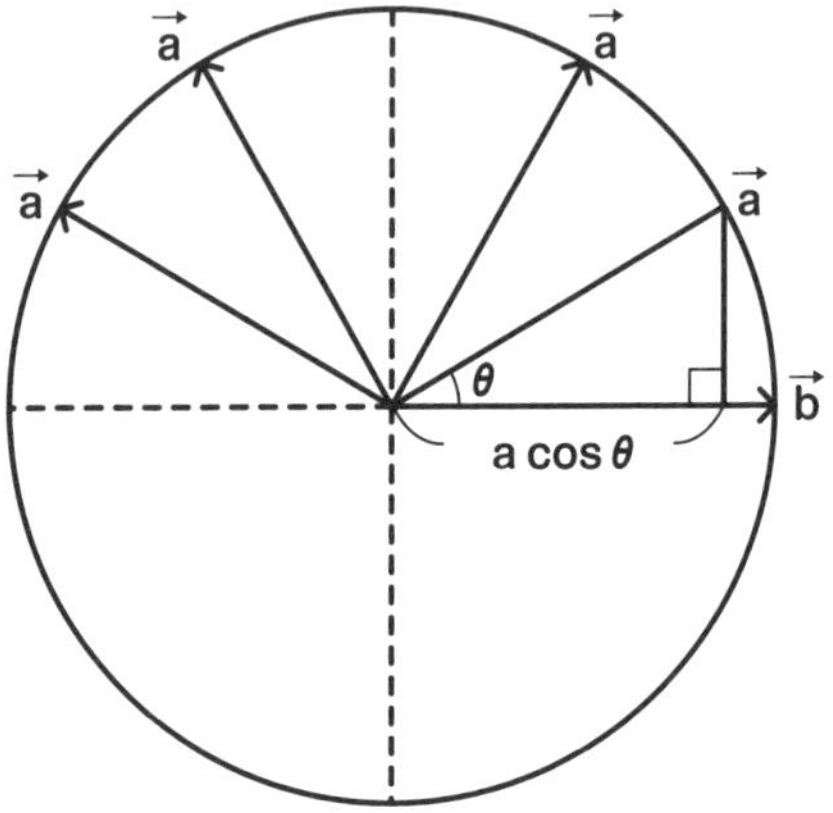

角度	cos 値(相関係数)
0	1.00
10	0.98
20	0.94
30	0.87
45	0.71
60	0.50
65	0.42
70	0.34
75	0.26
80	0.17
85	0.09
90	0
115	-0.42
145	-0.82
175	-1.00
180	-1.00

2つのベクトルの角度 θ で決まるコサイン値(cos θ)が「相関係数」。コサイン値は角度が小さいほど1に近くなり、方向が一致すると値は1になる。そして90度の場合は0、180度真逆を向くと-1になる。だから相関係数は1から-1の範囲で変動する。

によってベクトルに変換される。いくつかのロジックを使って購入履歴から複数の変数を抽出し、嗜好を示すベクトルにする（次ページの図）。すると似た嗜好ベクトルを持ったお客さんを発見できる。高い相関係数を示しているお客さんが見つかるのだ。要するに、書籍の嗜好が似ていると評価できる。

友人から紹介されるとの同じ

例えば、古瀬さんと嗜好ベクトルが似たお客さんとして、土井さん、山田さんの2人が見つかったら、彼ら2人が購入した書籍の中から、まだ古瀬さんが買っていない書籍をピックアップする。

土井さんと山田さんの2人が共通して買っている本もあって、それらの本を古瀬さんがまだ買っていない場合、高いおススメ度でレコメンドされる。また、土井さん、山田さんのどちらかに購入履歴があるものの、まだ古瀬さんが買っていない本も、やはりおススメされる。

嗜好が似たお客さんが買った本には、きっと興味を持つという、統計的な仮説からレコメンデーションする。協調フィルタリングはこうした仕組みだ。同じ嗜好を持った友人から、おススメ本を紹介してもらうのと一緒なのだ。オンライン上で嗜好の似た人を選び出すため、購入履歴データと嗜好ベクトルを計算するアルゴリズムを使っている。

商品特性をベクトル化することも

商品特性ベクトルに変換して、商品間の相関係数からレコメンドするアルゴリズムもある。アイテムベースのレコメンデーションだ。協調フィルタリングに合わせて使われる。

ようするにこういうこと

レコメンデーションのための相関分析

購入履歴のデータをもとにして、お客さんの嗜好データをベクトルに変換する。そのベクトルをもとにして、相関係数の高いお客さんを探す。

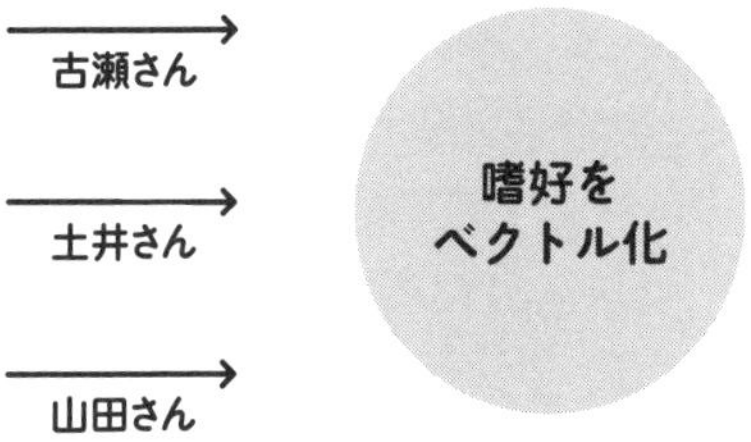

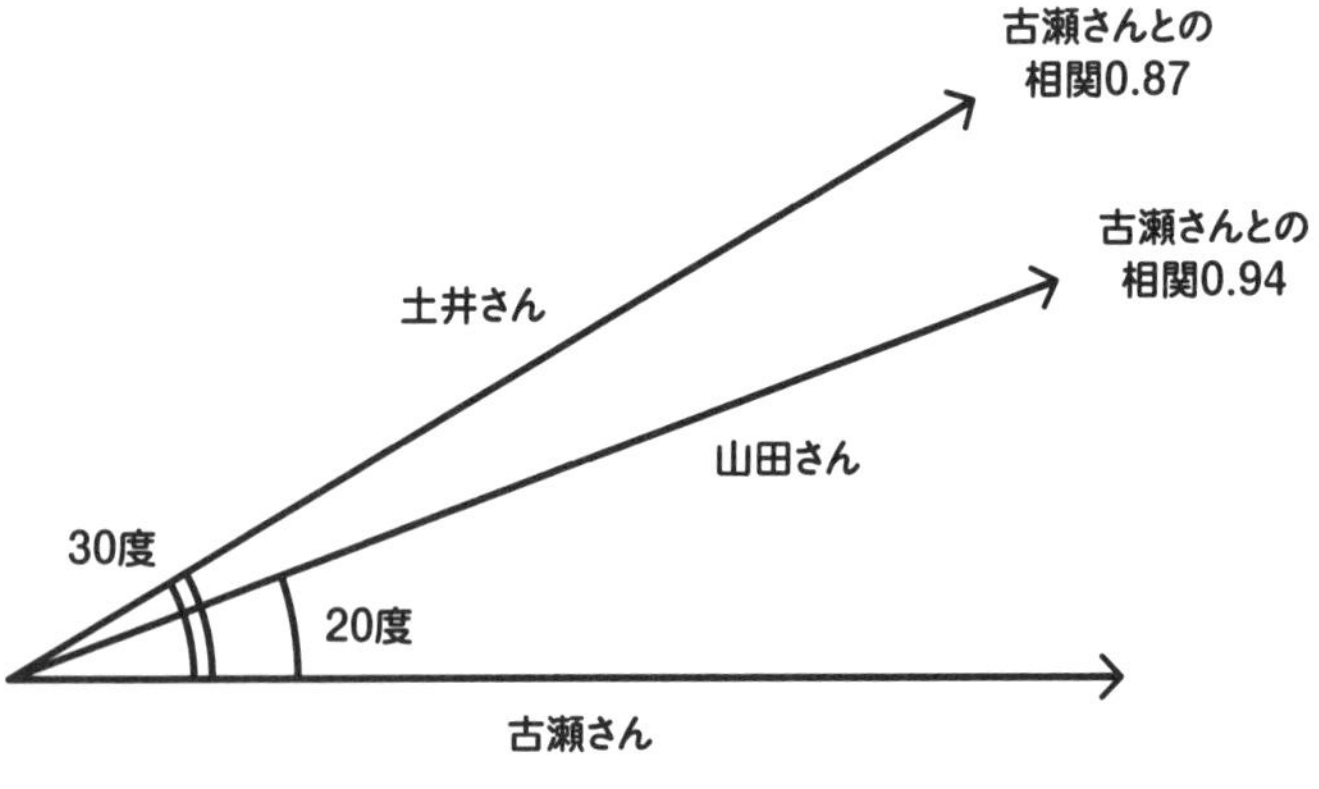

普及曲線（Sカーブ）

4-8 ブームが起きてブームが終わる理由

マーケティングの効果や商品の普及速度を考えるときには、統計的な基本法則を頭に入れておきたい。Sカーブはその代表だ。

Sカーブは、正規分布（パート5で後述）を累積グラフに直したもの。はじめはゆっくりと上昇し、ある段階から突然傾きが急になり、後半はなだらかに収斂していく。インフルエンザの感染など世の中に広まる現象の多くは、このカーブを左からなぞるように進んでいく。

世の中には、こうした感染カーブで影響が伝播していくことが多い。ブームが起こるのは、まさにこの仕組み。音楽が大ヒットしたり、ミリオンセラー書籍が生まれたり、お笑い芸人がブレイクしたり、Sカーブ的な感染トレンドでヒットが発生する。情報に触れる頻度が多くなると、影響される確率が高くなる。人混みに出る機会が多いと、ウィルス性の病気に感染しやすくなるのと似ている。

最近はユーチューブやSNSによって伝播するスピードが加速しているため、「突発的なブーム」が起こりやすい。

通販番組を観ていると、同じメッセージを何度も繰り返していることに気がつく。彼らはSカーブの効果を知っている。

例えば健康器具の通販番組であれば、機能の解説や、実際に効果を体感した人の話が何度も何度も登場する。「これを使って痩せました」「これで筋力がアップしました」といった話などが繰り返される。最初は、何だかピンとこなくても、だんだんとその効果が本当らしく思えてくる。気がつけば電話して健康器具を注文していた……。同じメッセージを7回繰り返すと視聴者は影響される、といったテレビ通販マーケティングの定説もある。

スキルアップにも当てはまる

話はそれるが、Sカーブは、スキルアップにも当てはまる。習熟曲線はやはりSカーブを描く。最初は、慣れていないから下手でも、だん

ようするにこういうこと

Sカーブ

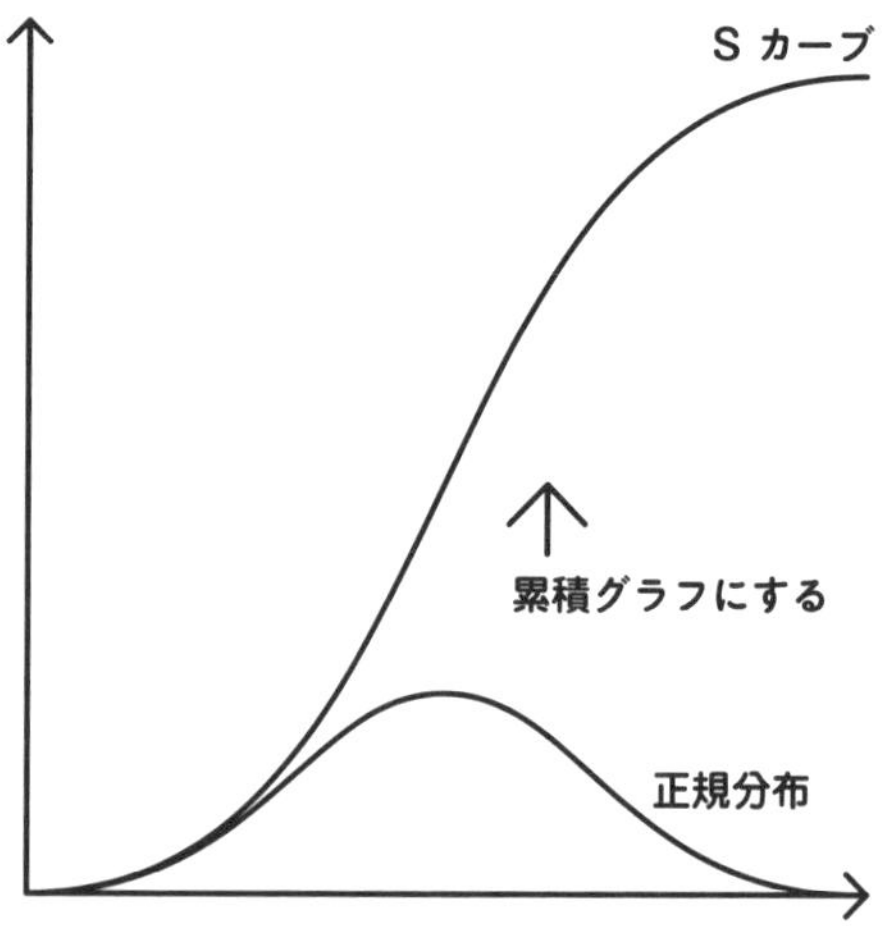

正規分布を累積グラフに直すとS字型になる。はじめはゆっくりと増えていき、ある段階から突然傾きが急になり、後半はなだらかに収斂していく。

だんだんと体の中に経験が累積されていき、あるタイミングから一気に上達が進む。

自転車にはじめて乗った経験、語学の習得、スポーツなどなど。どれも最初は苦しかったのを思い出すだろう。何かを我慢しながらある一定の時間続けることは、スキルを習得するためには不可欠だ。仕事がなかなか身につかないときは、Sカーブを思い浮かべてモチベーションを維持したい。

Sカーブには残酷な面もある。お笑い芸人のブームが終わるように、カーブの傾きは逓減する。あるレベルに達すると、以前と比べて、成長カーブや習得カーブを体感できなくなる。

これが仕事であれば、日々の業務から得られる満足度が下がり、モチベーションが落ちてくるのと同じだ。惰性で仕事を回すようになって、慢心にもつながる。それが大きな失敗の引き金にならないのを祈るばかりだ。

ようするにこういうこと

習熟曲線

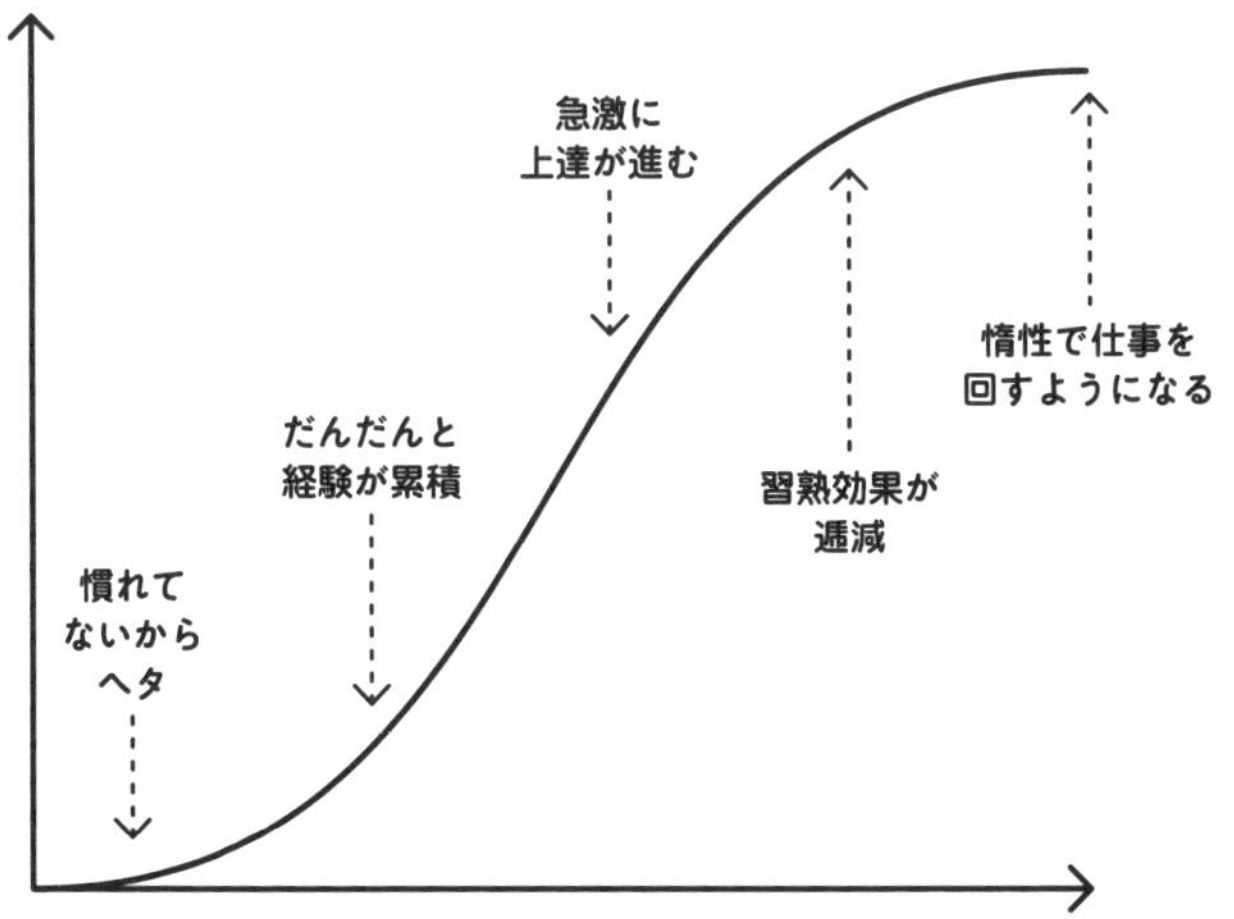

スキルアップの進み方もSカーブになる。慣れないことでも続けていると習熟が進んで上達するが、しだいに伸び悩むようになる。

▶PART5

統計思考

5-1 世の中は統計的なルールで動いている

大数の法則と期待値

世の中は統計的なルールで動いている。成功はある一定の確率でやってくる。コイントスをして表が出るか、裏が出るか。5回続けて表が出ることもあるけれど、1万回続ければ表と裏が出る回数はほぼ半々になるはず。

つまりトライアルの回数を増やせば、その物事の「あるべき確率」に近づいていく。それが大数の法則だ。

その確率がどのくらいなのか、どうやったら確率を高められるかということを意識することは欠かせない。

確率に基づいて意思決定をするときに役立つ考え方の基本は期待値だ。期待値とは、1回のトライで得られる見込みの値だ。

例えば、コイントスをすると、表が出る確率も裏が出る確率も50％ずつ。表が出たら100円もらえて、裏だと0円としよう。このゲームの期待値は何円だろうか?

50％（表が出る確率）×100円（賞金）
+50％（裏が出る確率）×0円（賞金）
=期待値は50円

次に、サイコロの目を使ったゲームの期待値を計算してみよう。1が出たら1万円、2が出たら2万円……が得られる。6つの目が出る確率は1／6ずつ。すると期待値は次のようになる。

1／6×1万円＋1／6×2万円
＋1／6×3万円＋1／6×4万円
＋1／6×5万円＋1／6×6万円
＝3・5万円

期待値を計算することで、数字のイメージを持てる。期待値から取るべきアクションを逆算できるメリットがある。不確定な未来を、いくつかのシナリオとしてイメージし、各シナリオの起こる確率を数値で把握する。何が起こるか具体的に想像できると、心も体も準備もできる。想定外の出来事で慌てずに済むのだ。

ようするにこういうこと

サイコロゲームの期待値

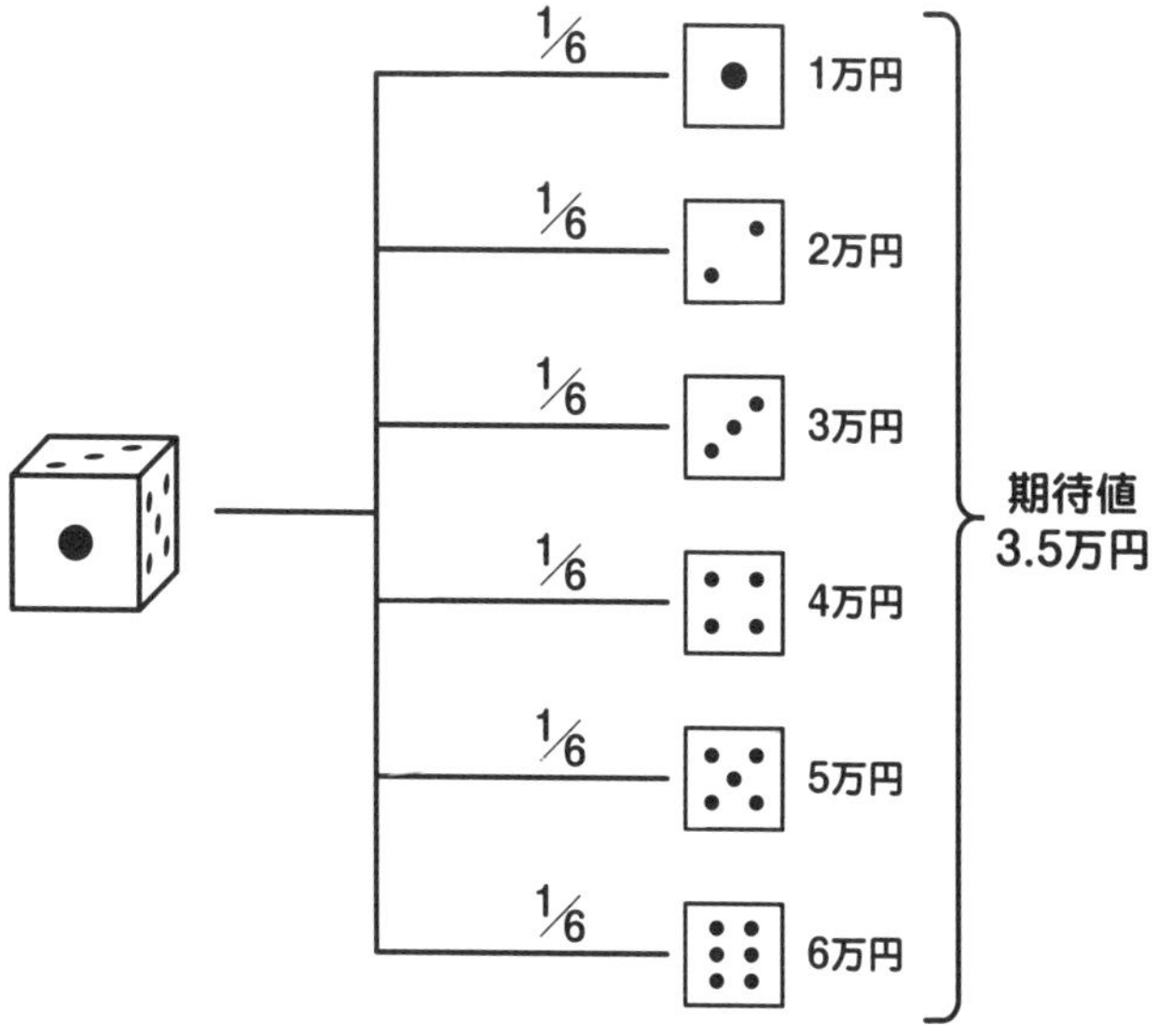

正規分布

5-2 7割の人はだいたい似ている

世界は不思議にできていて、世の中の多くの物事が図のような正規分布になる。テストの成績、身長や体重、株価の上下、自然現象の発生度合いなどが、このような分布で分散する。大げさに言うと、宇宙の事象は正規分布になるように創られている。

現実を冷静に見つめる

これを逆手に取って正規分布で身の回りのことを理解すると、現実の姿が見えてくる。過剰な期待や、不必要な悲観論で一喜一憂せず、冷静に可能性を感じられるだろう。

この正規分布を前提に決まるのが偏差値だ。受験時代にお世話になった偏差値は、統計的な考え方で算出されている。

基準点となる平均値は、偏差値50。偏差値60になると、母集団の中で、標準偏差1つ分（σ）だけ、平均値より上位に位置している。

標準偏差とは分布がどれだけ横に広がっているかを表す数値だ。標準偏差1つ分が偏差値10ポイント分になる。偏差値70は、平均より標準

ようするにこういうこと

正規分布

正規分布は、平均値(μ)の付近にデータが集積する分布のこと。グラフにすると下図のような形になる。平均値に対して標準偏差(σ)1つ分のプラスとマイナスの範囲に、それぞれ約34%のデータが入る。標準偏差2つ分のプラスとマイナスの範囲には、全体の96%が含まれる。

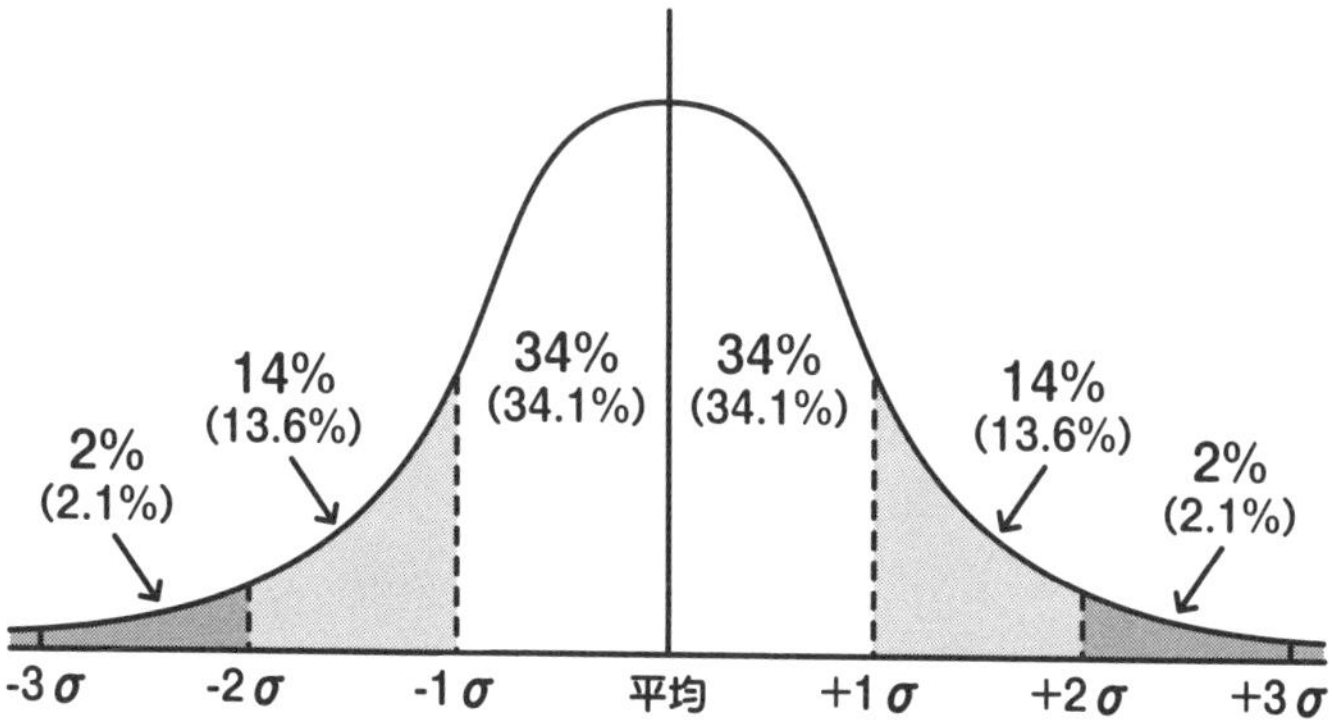

σ：標準偏差　→　データのばらつき度合いを示す数値

A、B、C、D、E、Fという6つのデータがあったとすると、平均(μ)と標準偏差(σ)は、次のように決まる。

$\mu=(A+B+C+D+E+F)\div 6$
$\sigma^2=\{(A-\mu)^2+(B-\mu)^2+(C-\mu)^2+(D-\mu)^2$
$+(E-\mu)^2+(F-\mu)^2\}\div 6$

σ^2を「分散」と呼び、その平方根σが標準偏差になる。

偏差2つ分（2σ）、中央から乖離している。

単純化して仮説を考える

偏差値（標準偏差）で区切られた範囲が全体のどれだけをカバーしているか考えてみよう。偏差値60（標準偏差1つ分上位）であれば、そこより右が約16％、左が84％になる。偏差値70（標準偏差2つ分上位）は、上位2％という意味だ。偏差値50は平均値なので、右も左も50％。

また、偏差値40～60の範囲に入る割合は68％になる。つまり全体の約7割は、平均から標準偏差上下1つ分までの中間層の範囲に収まるということだ。世の中は、約7割の似たような人や、意見や、物理的な事象で成り立っているという解釈もできる。

正規分布や偏差値を物差しに世界を眺めるのは、非常に単純化された物の見方ではある。しかし、仮説を考えたり、仕事の成功あるいは失敗したときの要因を分析したりするときには使える。定量的なツールはシチュエーションに合わせて使い分ければ良い。複雑なものをそのまま理解するのも大事だが、単純化して考える方法も使えるようになっておきたい。

16％の人には好かれるか嫌われる

正規分布の特性を応用すると、人間社会のおもしろい面が見えてくる。

平均から標準偏差プラス・マイナス1つの範囲内に全体の68％が含まれることを人の気持ちに翻訳すると、図のようになるかもしれない。「どちらかと言えば好き」と「どちらかと言えば嫌い」の面積で、全体の7割がカバーされる。

そして、平均値より離れた、強い意見を持つ「好き」が16％で、その逆の「嫌い」が16％に

ようするにこういうこと

「好き」と「嫌い」の分布

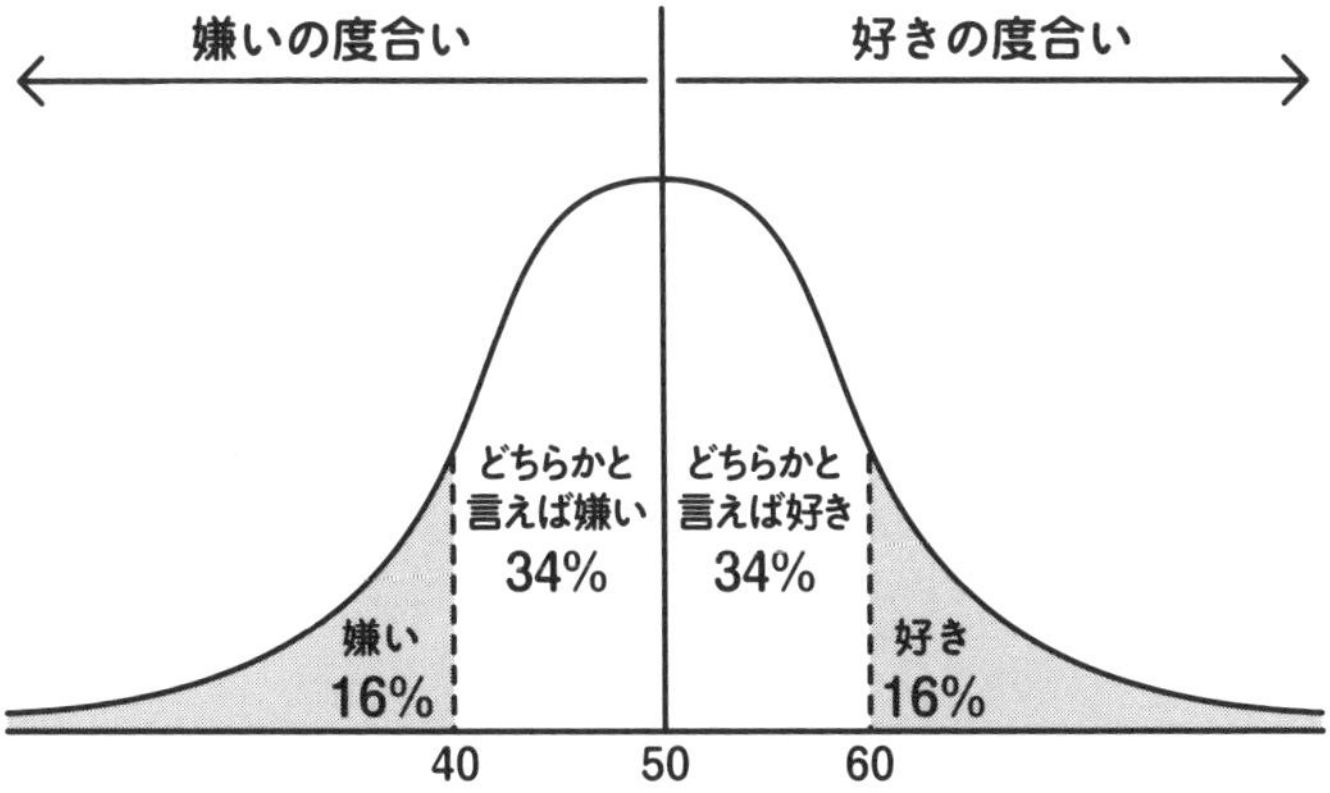

平均から標準偏差プラス・マイナス1つの範囲内に全体の68%が含まれることを、人の気持ちに翻訳すると、「どちらかと言えば好き」と「どちらかと言えば嫌い」。その範囲に全体の7割が収まる。そして、平均値より離れた、少し極端な強い意見を持つ「好き」が16%で、その逆の「嫌い」が16%になる。

なる。十人十色を4つに色分けして、定量的かつシンプルに考えば良い。

　こうした数字は、自分が属する組織や、これまでの経験と照らし合わせると、とても腑に落ちる。統計の取り方で数値は変わるが、実際に定量的な調査を行うと、似たような傾向が出たりする。

知っておけば気持ちが楽になる

　人間社会は、おもしろく、残酷にできている。どんなに努力しても、何の落ち度がなくても、出会った人の16％にはネガティブな印象を持たれてしまう。きっと、これがこの世の中の掟なのだ。

　逆もまたしかりで、こちらが意識しなくても16％の人には、何となく好かれたりする。超イケメンでも、可愛い女子でも、すべての異性に好かれるわけではないし、理由もなく嫌われることもある。生理的に無理とか、昔嫌いだった人に似ているといったケースは、こちらではコントロールできない。

　ビジネスをしていると嫌な目に遭うことも多いが、何気ない出来事も統計的な法則に従っているだけと思えば、ネガティブな気持ちを引きずらずに済む。最初からそういうものと割り切って、対人コミュニケーションをすればよい。対人には100％の確率なし。これを知っておくだけで、気持ちが少し楽になる。

平均値、中央値

5-3 ▶ 一般化して考えるコツと落とし穴

ロジカルシンキングに平均化は不可欠。平均化する、つまり平均値を知ることとは、一般化して考えることにほかならない。個別の事例を上位概念に翻訳して考える。この思考プロセスがどれだけ大事かは説明するまでもない。

また、順番に並べた真ん中にくる中央値も意識したい。

集めたデータから、平均値や中央値が単純に計算できない場合も、ちょっと工夫すれば、見当が付く。アンケート調査などを集計するときに、選択肢の作りかたによっては、そういう作業が必要だ。

例題で考えてみよう。次のグラフは、日本における1世帯当たりの年間の所得の分布を示している（厚生労働省の国民生活基礎調査＝2009年より）。このグラフから、1世帯当たりの所得の「中央値」と「平均値」を推測してみよう。

このグラフだけでは、中央値も平均値も正確な値を算出することはできないが、概算は可能。

中央値は、与えられたサンプル（このケースでは、それぞれの世帯）をデータの大きさ（所得の大きさ）順に並べたときに、中央にくるデータの値。グラフからは、所得400万円未満の世帯が全世帯の46・5％。所得500万円未満で56・5％を占めることがわかるので、50％のところにくるはずの中央値は400万円台だと推測できる。ちなみに、厚生労働省発表の中央値は「427万円」。

平均値は、例えば、次のような仮定を置いて概算する手がある。

1年間の所得が100万円未満の世帯の平均値は50万円、100万～200万円の世帯の平均値は150万円、200万～300万円の世帯では250万円、……年収2000万円以上の世帯では2050万円。すると全体の平均値は539万5500円と算出できる。厚生労働省発表の平均値は「547万5000円」なので、ほぼ合っている。

ここで重要なのは、平均値が中央値と比べて高い理由を考えること。右に裾野が長いグラフの形から、一部の高額所得者の存在によって、平均値が中央値よりも上振れしていることが想像できる。平均値から、一般的な日本人の生活レベルを判断すると実態を見誤る。

「実在しない平均像」にダマされるな

平均値を知ることは重要だ。しかし、その平均値が「実在しない平均像」を示していることもある。それはどういうことか。

例えば、ある調査で「週末にスポーツをするビジネスパーソン10人の平均年収は478万円で、同世代の平均よりずっと高い」ということを知り、そういう人たちをターゲットにした新商品を開発したら、どうなるか……。きっと中途半端で売れないに違いない。

ようするにこういうこと

平均値と中央値

どちらも、特定のグループに含まれる人やモノの「標準的な姿」を把握することを主な目的として、求める数値。

平均値 ＝ すべてのデータ（人やモノの特徴を示す数字など）を足して、データの個数（人やモノの数など）で割った数字。
中央値 ＝ すべてのデータを大きさの順に並べたときに中央にくる値

（例）日本の1世帯当たりの年間所得

下のグラフは、日本における1世帯当たりの年間の所得の分布を示している（厚生労働省の国民生活基礎調査＝2009年より）。このグラフから、1世帯当たりの所得の「中央値」と「平均値」を推測してみると、次のようになる。

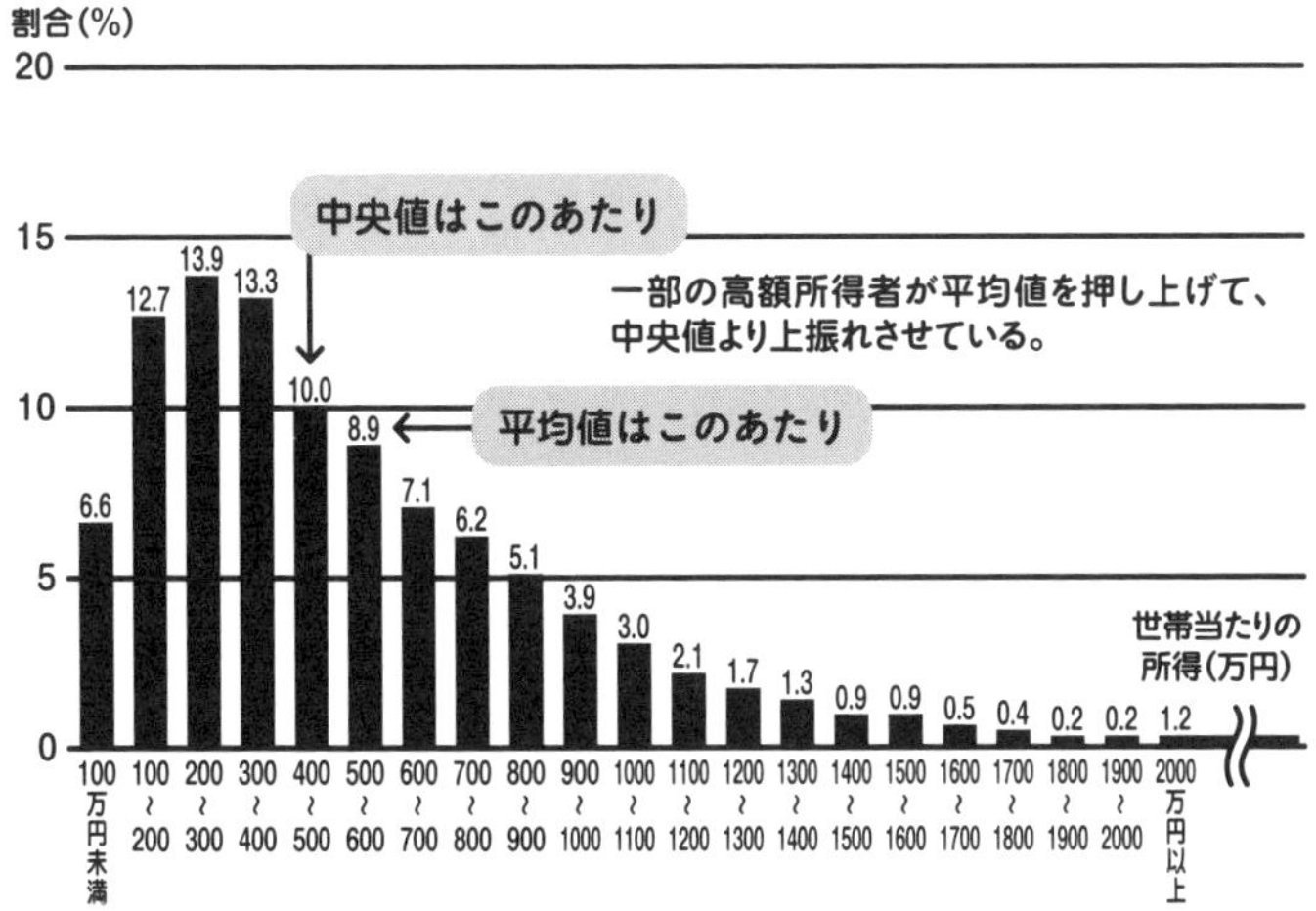

この事例で、仮に「平均年収478万円」が真実だったとしても、あくまで平均値の話。しかもサンプルが10人に過ぎず、次の図表のように、年収300万円前後が8人、そして年収850万円と1500万円の2人が、平均を引き上げているとしたら……。「週末にスポーツをしていて年収478万円」という「平均的なビジネスパーソン」の姿は虚像にすぎない。偏ったデータから平均値を出すと、実態と違う姿が浮かび上がってしまう。

実在しない「年収478万円の顧客」を想定した価格設定やコンセプトが、このグループの中核をなす年収300万円前後のビジネスパーソンに響くかは疑問。年収800万円超の人たちについても同様だ。

与えられたデータに偏りがある場合は、グループ分けして考えることが大切だ。年収300万円前後の多数派と、年収800万円以上の富裕層。どちらをターゲットとして狙うのか、そこをまず決めなければ、話が進まない。

「統計はウソをつく」とよく言うが、平均値と中央値について考えるだけでも、かなり実態に近づける。

頭の中で分布図を思い浮かべる

もっと簡単なコツを伝授するならば、頭の中でデータの分布図を思い浮かべること。それだけで全体を見誤らないで済む。

「今、話題になっているデータをグラフにしたら、どんな形になるのだろう？　そして、重要なのはどの部分？　中央付近かな。それとも右端？」。

他人の話を聞くときに、頭の中でこんな突っ込みを入れられるようになると、思考力は飛躍的に向上する。

ようするにこういうこと

実在しない平均値

(例)週末にスポーツする10人のビジネスパーソンの年収

「週末にスポーツをしている若手ビジネスパーソン10人の平均年収は478万円！ 同世代の平均よりずっと高い。彼らは仕事で成功するノウハウをスポーツから学んでいる。例えば、攻めと守りのバランスやチームワークなど。週末のスポーツを習慣づければ、あなたもきっと高収入の仕事師になれる…」という話を信じていいだろうか？

サンプル（ビジネスパーソン）	Aさん	Bさん	Cさん	Dさん	Eさん	Fさん	Gさん	Hさん	Iさん	Jさん
データ（年収）	305万円	270万円	850万円	320万円	285万円	1500万円	300万円	325万円	330万円	290万円

「平均値」
＝(305万＋270万＋850万＋…＋290万円)÷10＝478万円

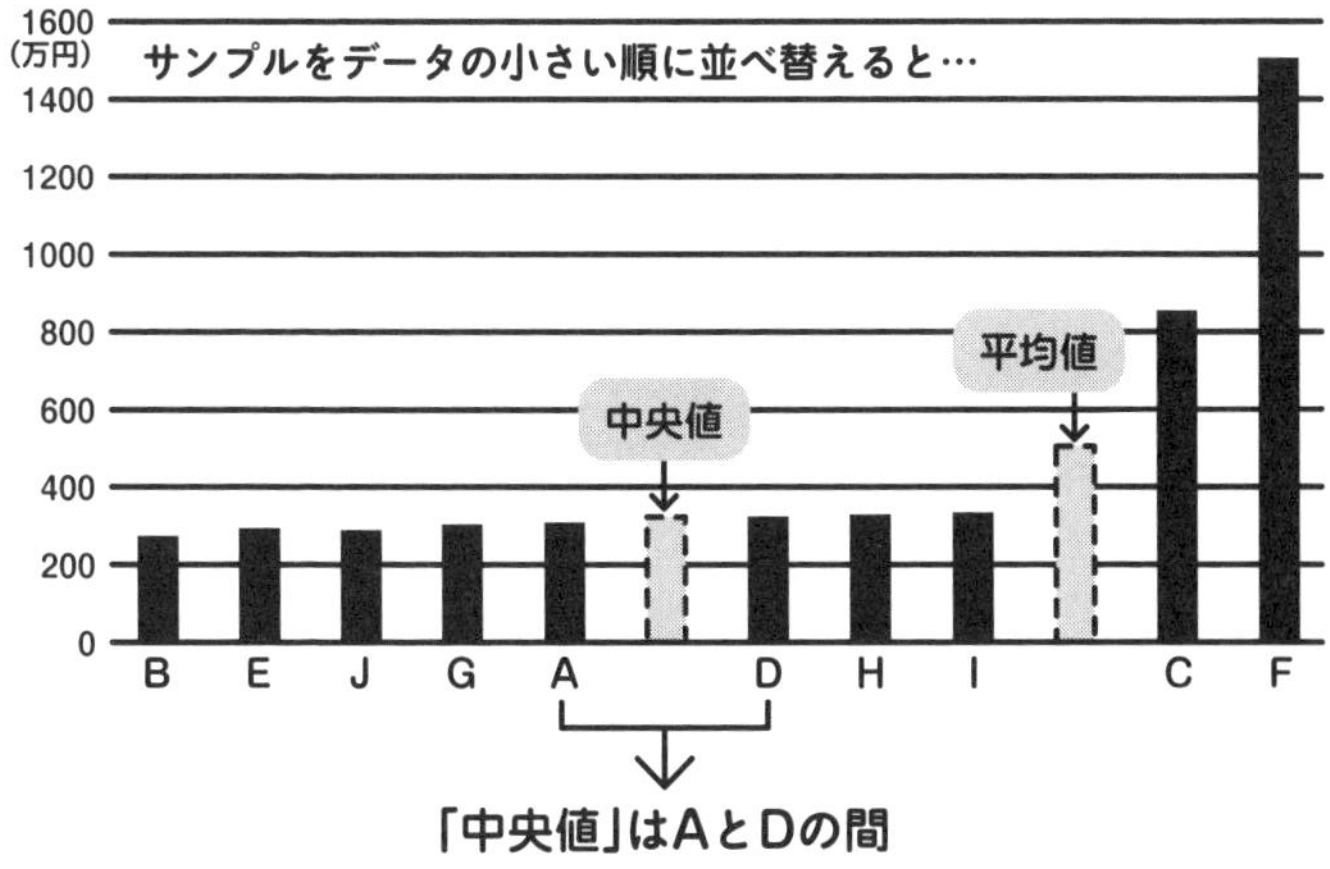

平均値である「年収478万円」が「週末にスポーツをする人たち」の「標準的な姿」だと思ったら大間違い。そんな人は実在しない。このケースでは、中央値である「年収313万円」のほうが「週末にスポーツする人たち」という母集団の実態をよく表現している。

相関関係、回帰分析

5-4 連動して動くものを探し出す

価格と販売数、為替と株価、身長と体重など、あるデータと別のデータに何らかの関係がある場合に、「相関関係がある」と言う。

計算はエクセルがやってくれる

データから相関関係を数学的に導く手法の代表が「回帰分析」だ。最もシンプルな回帰分析は、独立変数が1つ、従属変数も1つ。中学生で習った一次関数、Y＝aX＋bの式と同じだ。

独立変数が複数ある重回帰分析は可視化が難しいが、基本的な考え方は同じ。計算は、エクセルなどの表計算ソフトや統計解析ソフトがやってくれる。

データ分布の傾向を示す線を引く

回帰分布によって、データの分布図に、全体の傾向を最もよく表した1本の線を引くことができる。その線を近似線という。適当に線を引くのではなく、統計的に意味を持つように引か

ようするにこういうこと

回帰分析

複数のデータの相関関係を数式の形で説明する分析手法のこと。

(例)世帯年収と「全国学力テスト」の正答率の関係

世帯年収	正答率(算数B)
200 万円未満	42.6%
～300 万円	45.7%
～400 万円	47.6%
～500 万円	51.2%
～600 万円	51.2%
～700 万円	55.5%
～800 万円	57.1%
～900 万円	60.5%
～1000 万円	59.7%
～1200 万円	62.8%
～1500 万円	65.9%

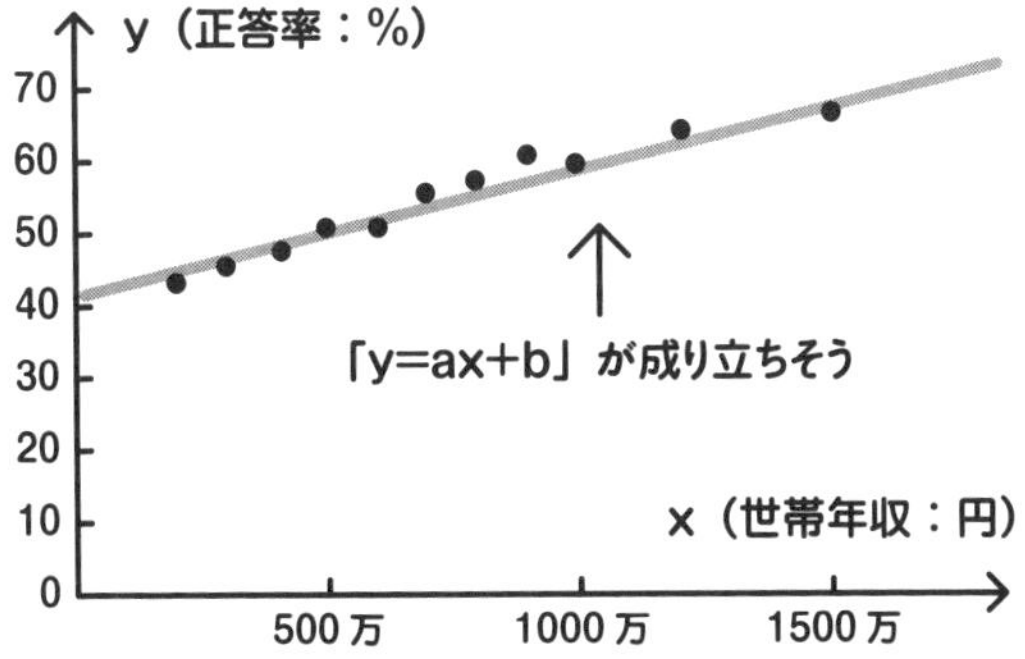

与えられたデータを、座標軸に移したグラフを「散布図」と呼ぶ。この散布図からは、x軸にとった「世帯年収」がそれぞれ増えるほどに、y軸にとった「正答率」も上がるという相関関係の存在がうかがえる。すなわち、y=ax+bという一次方程式が成立すると予想される。エクセルなどの表計算ソフトを使ってa、bの値を定めれば、「親の年収から子供の正答率を予測する」といった分析も不可能ではない(ただし、あくまで予測にすぎないことに注意)。

れた線だ。単純な回帰分析では、Ｙ＝ａＸ＋ｂの式で表される線になる。分布している各実測値から、予測値を出す一次関数の回帰式だ。

回帰式は、最小二乗法という手法で算出される。最小二乗法とは、回帰式に当てはめた予測値と実測値の差の二乗和が最小になる回帰係数ａ、ｂを求める手法。予測による誤差を最も小さくする回帰式を探す。二乗和は、個々のデータの二乗を総計したものだ。

算出された回帰式が、どれだけ精度が高いかを示すのが、決定係数R^2だ。

R^2は、次のように求める。

R^2＝１－（実測値－予測値）の二乗和／（実測値－平均値）の二乗和

実測値が回帰式の線上に近いほど、この式の分子にある（実測値－予測値）は小さくなる。このためR^2は1に近くなる。つまり、相関度が高いほど決定係数R^2が1に近く、相関度が低いほど0に近い。

一歩踏み込んだ仮説を作る

回帰分析をヒントに、さらに一歩踏み込んだ仮説を作れると、ビジネスの着眼点が増え、発想力が増す。

例えば、「年収の高い親を持つ子の学力が高い」とすれば、それはなぜか。「教育費に充てる予算を確保できる」からなのか。あるいは「住環境や食生活の豊かさが子供の学力に影響している」という可能性も考えられる。

データを眺めるだけでは何も始まらない。自分の頭で新しい仮説を立てて真偽を確かめる。そんなアクションの中からこそ、ビジネスチャンスは見つかるものだ。

5-5 ベンチマーク 成功の秘密を「外れ値」から探る

ベンチマークを直訳すると「標準」。ビジネスの世界でベンチマーキングと言えば、一般に優良企業の経営手法などを研究することを指すが、その肝は、標準値と分析対象のデータのズレに着目することにある。

回帰分析をすると近似線から大きく外れたアウトライヤー（外れ値）を発見できる。

次のグラフは、同じ系列のガソリンスタンドの敷地面積（横軸）と販売量（縦軸）の分布図。右上がりの線が全体の傾向を示す近似線だ。このグラフを眺めると、A店、B店は、近似線よりずっと上方にある。敷地面積の割に著しく販売実績が高い。予測値を上回る高いパフォーマンスなのだ。

Whyをあぶりだす

ここで頭を働かせてみる。なぜ、A店はこんなに売れているのか？

ベンチマーク分析は、アウトライヤーの背後に隠れる「Why（なぜ）」をあぶり出す。アウトライヤーの成功要因と失敗要因を発見できれば、他店に応用できる成功の戦略が立てられる。

例えば、A店では、店舗のオペレーションに秘訣があるのではないか……?。この疑問を持って、A店の店舗運営方法を詳しく調べてみる。

すると、A店では清掃を徹底するなど、細かな気配りでライバル店に差をつけていたとしよう。その他のオペレーションが他店と変わらないとすると、清掃の徹底などが高いパフォーマンスの原動力だという仮説が立つ。これがベンチマークと呼ばれる分析手法だ。

コンサル業界の古典的手法

成功事例から成功要因（KFS：Key Success Factor）を抽出する。アウトライヤーたるには、いくつかの理由があると仮説を立て、原因と結果に整理する。古典的な手法だが、コンサルティング業界ではよく使われる。

この場合、A店でのオペレーションをお手本にすれば、他店の販売量を押し上げられる可能性が高い。

学ぶべき相手を間違えていないか?

一方、B店もパフォーマンスが高いが、調べてみるとサービスレベルは低く、販売が好調なのは、交通量の多い幹線道路の交差点に位置しているからだったとしよう。つまりは立地の勝利。この場合、他店がB店から学べることは少ない。

ところが、もしB店を「成功事例」として、その低いサービスレベルを他店が見習ったら、どうなるか…。ベンチマーク分析も使い方を間違えると毒になる。「嘘が多い分析」に騙されないように。

ようするにこういうこと

ベンチマーク分析

優れた実績を残している企業や部署、人物の手法を研究すること

（例）ガソリンスタンドの「敷地面積」と「販売量」

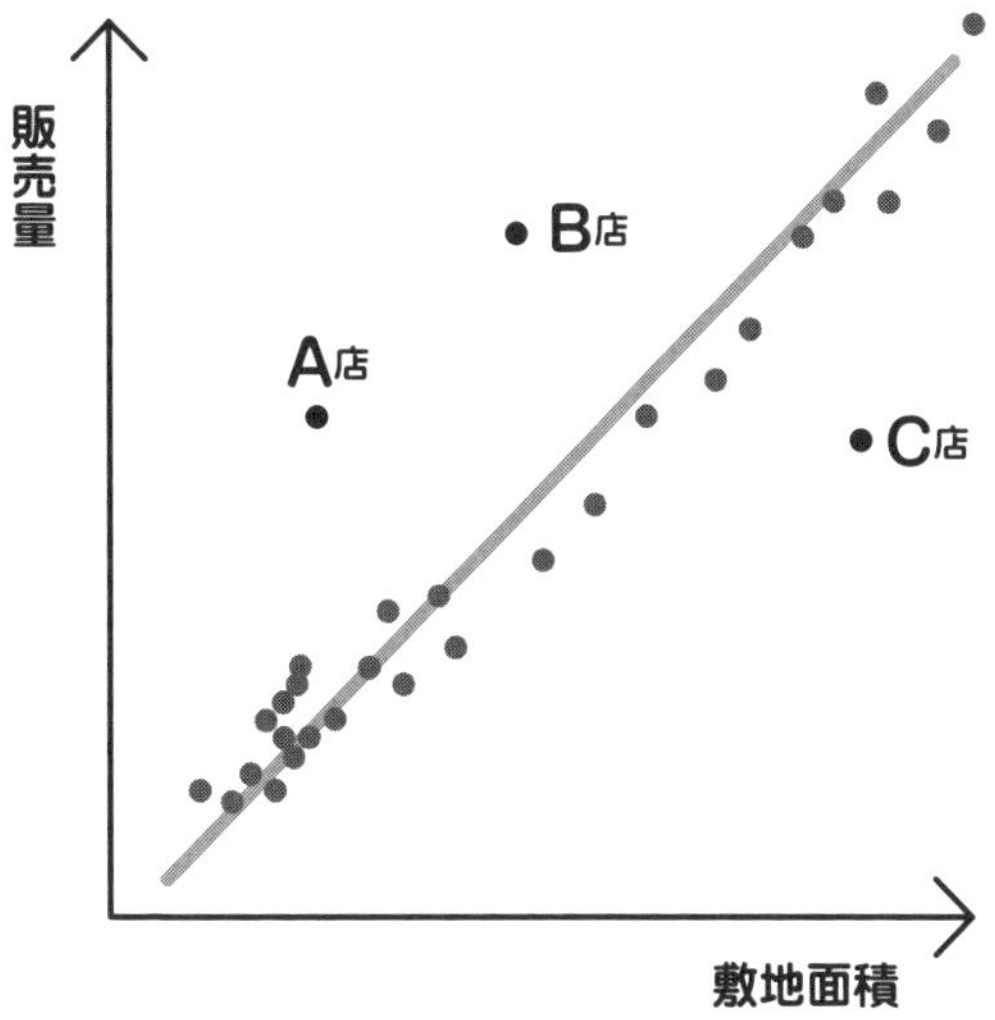

STEP1 標準的な傾向を探る

→ 敷地面積が広いほど販売実績が上がる

STEP2 アウトライヤー（外れ値）を見つけ出す

→ 敷地面積が狭い割に販売実績の良いA店、B店と、敷地面積が広い割に販売実績の悪いC店がアウトライヤー

STEP3 アウトライヤー（外れ値）の理由を探り、改善につなげる

→ 例えば、A店の成功の秘訣は「細かな気配り」。ここを、他店にも学ばせよう

5-6 「信じられる仮説」を導く

マーケティングやリサーチの専門家でなければ、実務で高度な統計手法を使う機会は少ない。重回帰分析などは彼らに任せておけばいい。ビジネスパーソンに必要なのは、その考え方を学ぶこと。統計的な思考体系から、行動するヒントをもらう。

やってみる価値がある何かをみつける

困難や不運があっても、何とか数字を作ること。これが、ビジネスパーソンのミッション。その原動力が必要だ。無意味なロジックより、統計的に意味があることを信じるほうが建設的だ。

回帰分析も相関も連関性を示すだけ。明確な因果関係を導けないこともある。レコメンデーションのアルゴリズムでおススメされた商品が買われるかどうかは、やってみないとわからない。どれも統計的な傾向から作られた仮説でしかない。でも、「信じられる仮説」になる。

その仮説が、アクションを起こす原動力になるなら、十分に価値がある。結果を出すためには、淡々と仕事をこなすための、信じられる何かが必要なのだ。

例えば、営業活動の最適化システムが導入された企業では、さまざまなＫＰＩ（重要業績評価指標：キー・パフォーマンス・インディケーター）が設定されていることも多いだろう。訪問数がＫＰＩになっている企業があっても、驚いてはいけない。訪問数は、統計解析による分析の結果、成約率につながるアクションになる可能性が高い。何らかの根拠があって打ち出されたＫＰＩには、やはり意味がある。

設定された目標を追いかけていれば、結果が出る確率は高まる。「でも、やっぱり納得して仕事をしたい」と思うのであれば、統計解析で導かれたＫＰＩを、自分なりに納得できるロジックに翻訳する。

では、なぜ訪問数が成約率を上げるＫＰＩになるか？　訪問アポが決まれば事前に提案資料の準備をする。お客さんのところに行くと、やはり仕事の話になる。単なる製品紹介から始まり、ディスカッションしているうちに、製品を導入するメリットについてお客さんが何かを感じるかもしれない。営業現場に行けば、何かしら商談のネタが埋まっている。企業のトップが取引先の表敬訪問をしたり、経営者同士が定期的に会食したり、ゴルフに行くのも同じ理由だ。行くことで、営業の芽が生まれる。何かキッカケができれば、そこから先は、確率に従って一定の成果が期待できるわけだ。

営業の成功確率を3ステップで向上させる

ビジネスの商談が成立するには、大きく分けて3つのステップを順番にクリアすることが必要だ。訪問、提案、クロージング。このすべてをクリアできる確率は、３ステップの突破率を掛け合わせた数字になる。営業や販売では、この突破率を「減耗率」と定義する。マーケティングでは、コンバージョン・レート（conversion rate）と呼ぶ。

企業を訪問しても、決定権を持つ担当者と会えるとは限らない。提案内容が相手の心に響く可能性は何割ぐらいだろうか。商談が最終ステップに進んでも、条件が合わないとクロージングできない。

３つのステップのコンバージョン・レートがそれぞれ50％だとしたら、商談成功率は何％になるか。

訪問成功率（50％）×提案成功率（50％）
×クロージング成功率（50％）
＝商談成功率12・5％

なんと約13％にしかならない。１００回訪問しても成約できるのは13回。残りの87回の商談は失敗することになる。

各ステップをクリアできる確率が50％だと成約率はもっと高く感じる。３～４割の確率で成約できそうに感じるが、現実は厳しい。

では、各ステップでのコンバージョン・レートを、８割と見積もると、どうなるか。

訪問成功率（80％）×提案成功率（80％）
×クロージング成功率（80％）
＝商談成功率51・2％

５割の確率で成約できる。

もしも自身が担当する営業活動にこの考え方が当てはまるなら、成約数を増やすためアポ取り数と訪問件数の確保に汗をかけば良い。力を入れるアクションが何かわかるだけで、営業活動は効率化できるのだ。

ようするにこういうこと

コンバージョン・レート

販売活動を「訪問」「提案」「クロージング」の3ステップに分解する。3つのステップを順番にクリアして商談が成立する確率は、各ステップを突破できる確率を掛け合わせた数字になる。各ステップの突破率を「コンバージョン・レート(conversion rate)」と呼ぶ。3ステップのコンバージョン・レートがそれぞれ50%だとすると、商談の成約率は次のようになる。

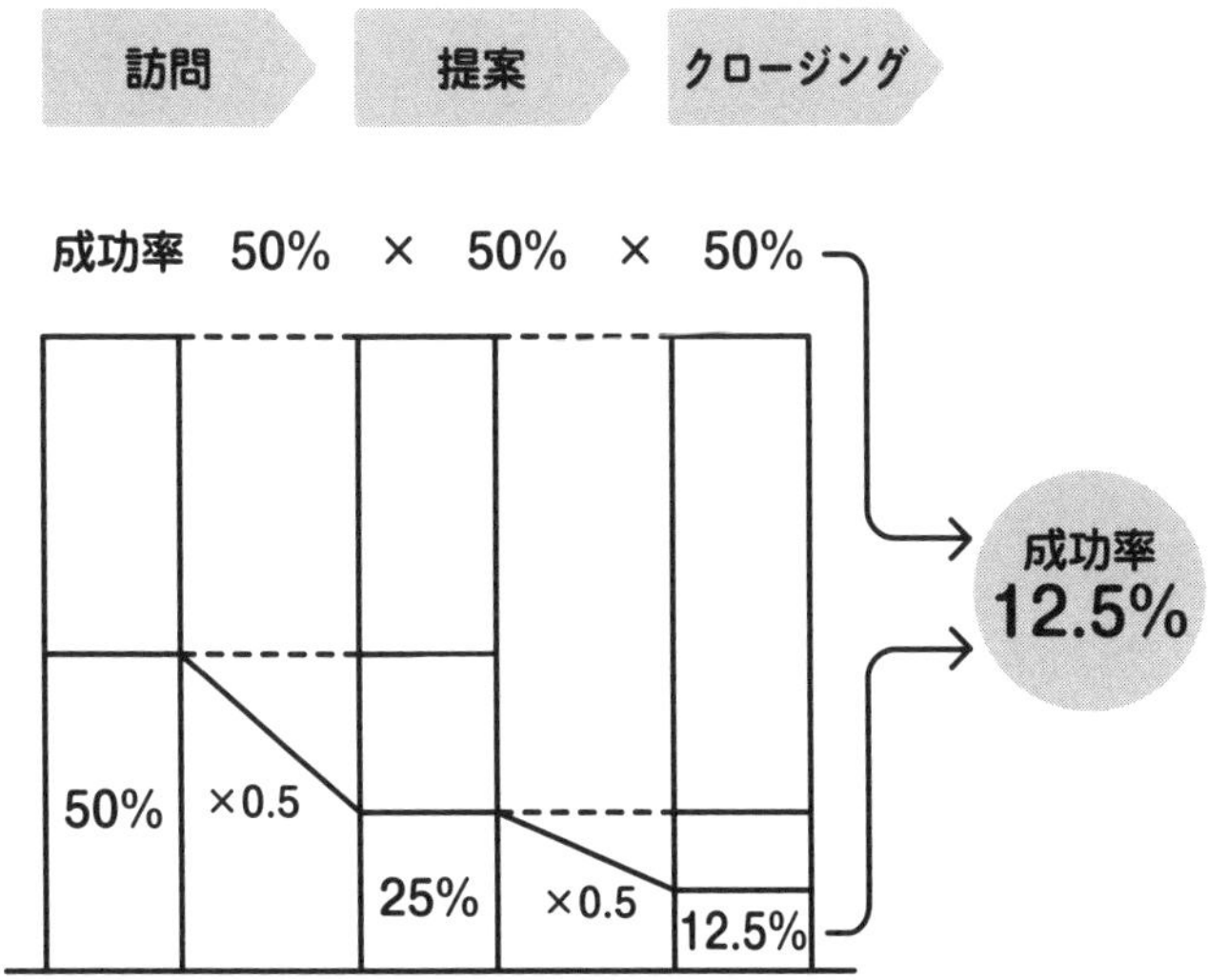

0.5(訪問成功率) × 0.5(提案成功率)
× 0.5(クロージング成功率)
= 0.125(商談成功率) = 12.5%

5-7 優良顧客を失わないために何をするか？

お客さんの売り上げ分析をすると、貢献度の高い優良顧客がわかる。よく知られたパレートの法則を発見することは難しくない。実際に分析作業を行い、全体の20%の優良顧客で80%の売り上げを占めるとわかると、すごい分析をした気分になる。

しかし、肝心なのは、どんな示唆を得るか。具体的なアクションにまで落とし込めないと、単なる物知りで終わる。

「20%の優良顧客を大事にしましょう」。これでは当たり前すぎて、具体的な行動計画にならない。優良顧客は、当社の製品を気に入って買ってくれている。購入量が多いのは、当社製品に高く満足している証拠だ。前述したレコメンデーションの考え方が、ここで生かせる。

彼らにもっと買ってもらうために、何をしたらよいのか。優良顧客だからと言って、何でも買ってくれるわけではない。欲しくもない商品をしつこく勧めると、大事なお客さんから信頼を失う。

彼らが自然と欲しくなるものを、押し売りでなく紹介する。購買行動が似ているお客さんの

ようするにこういうこと

パレートの法則

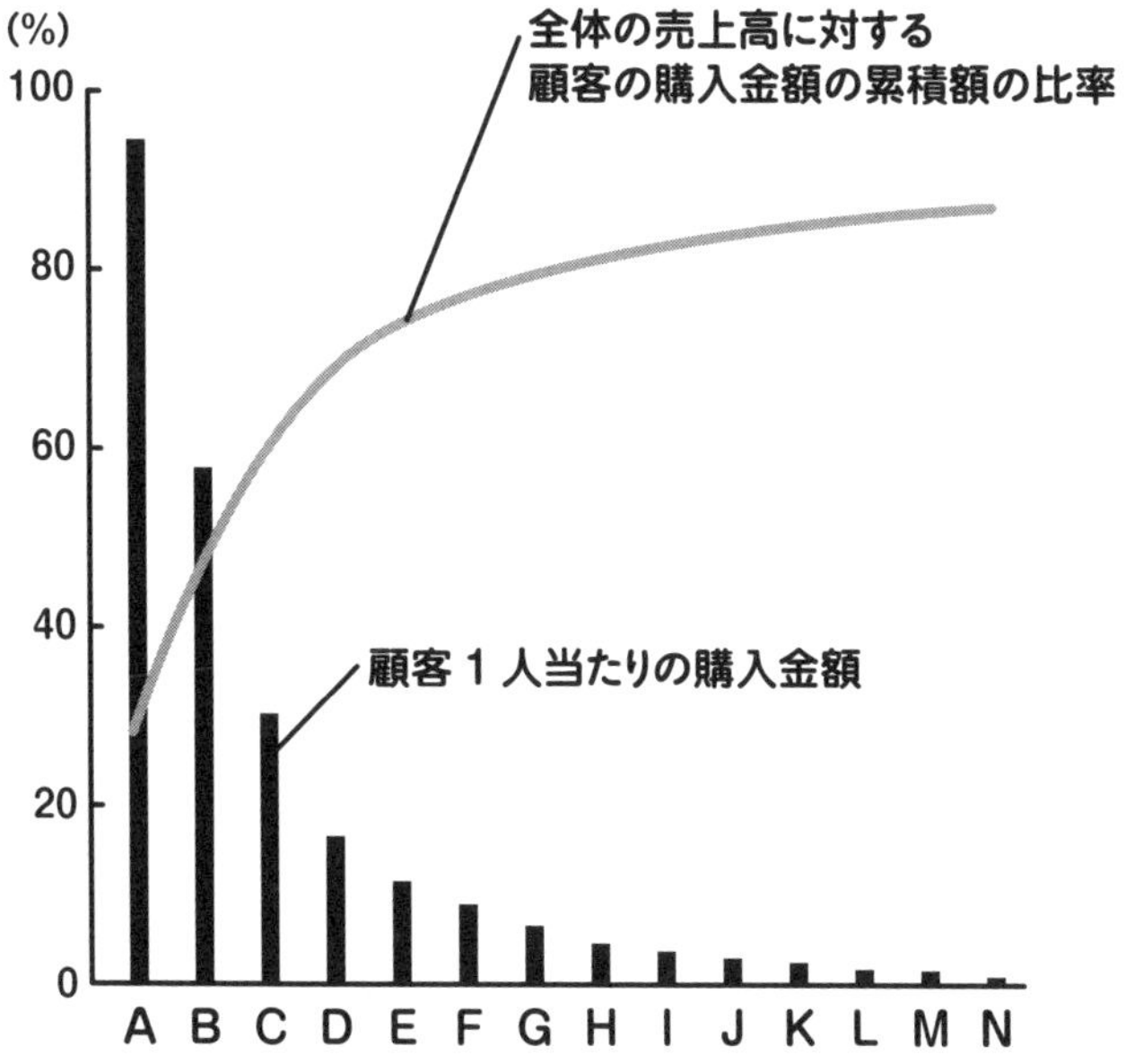

「上位20%の優良顧客で80%の売り上げを占める」ということを教えるパレートの法則は多くの事例に当てはまる。実際のデータで売り上げの分析をすると、パレートの法則通りの状況を発見することがある。

データを分析して、興味を持たれそうな製品をお知らせする。お客さんの購入意欲を自然な形で喚起させる。購入後に感謝される可能性も高い。押し売りや、根拠のない情報提供ではないため、購入確度は上がるかもしれない。

Bランクの顧客に注力すべきか?

正反対の考え方もある。優良顧客を失うと、売り上げに与えるダメージが大きくなる。その分を取り戻すのは大変だ。準優良顧客（Bランク）を、優良顧客（Aランク）に引き上げる策を取りたくなるが、それは「正しく間違える」典型例だ。人の消費性向は変わらない。ある日突然、そのブランドのファンになって大量購入を始めるというのは、机上の空論だ。

Bランクと定義されるお客さんは、当社の製品に高い満足を感じていない。彼らにアプローチしても、Aランクに上がるか疑問だ。消費性向は、生まれ持った性格みたいなものだ。

大事なのは、優良顧客をいろいろな施策でつなぎ留めておくこと。BランクをAランクに上げる前に、すべきことがある。

大切なお客さんとは頻繁に会って、いつも情報交換をしておく。コミュニケーションを密にして離脱を防止する。

クレジットカードやオンラインゲーム会社では、退会確率が高い顧客を特定する統計モデルを持っている。退会するお客さんに特有のパターンを抽出し、そのパターンに似た行動のお客さんを特定して、引き留める。カードローンの金利を下げる、ゲームのレアアイテムを無料でもらえるといったインセンティブを提示し、退会を思いとどまらせる。この手法がフェアかどうか議論はあるが、優良顧客から収益を確保し続けるという点では正解だ。

▶ PART6

仮説思考

6-1 断片的な事象から「仮の答え」を出す

コンサルティング業界で「教養」のように叩き込まれる仮説思考は、簡単かつ強力な考え方だ。仮説思考とは、手元にある断片的な事象から、その原因や問題の解決策を推論すること。ビジネスの世界では、仮説を立てて素早く行動を起こすことが不可欠だ。

では、考えてみよう。あなたは友達と待ち合わせをしている。時間は午後8時。これから一緒にご飯を食べる約束をしていて、ターミナル駅の改札近辺で友達が来るのを待っている。ところが、友達は20分を過ぎても現れない。そこであなたは2つの可能性を考えた。

①彼（彼女）は約束を忘れている。
②彼（彼女）は別の用事が入って、あなたは約束をすっぽかされた。

さて、仮説はどちらだろう。

「仮説」と「思いつき」を峻別

結論から言うと、どちらも仮説ではなく、「思いつき」だ。根拠なく、様々なシナリオを夢想しているだけ。仮説とは「ある事実（ファクト）

を基に引き出された推論」である。

でも、①も②も、仮説へと変身させることはできる。「事実を基に引き出された推論」が仮説であるのだから、「事実」をあなたが用意すればよいだけのことだ。

①の場合、もし彼（彼女）が忘れっぽい人で、2回に1回は頼んだことを忘れるタイプだと知っていれば、これは仮説になり得る。過去の経験を基に、「今回も忘れているのではないか」と推論できるからだ。②も同様に、彼（彼女）に何度もドタキャンされている事実があれば、やはり仮説になる。

「景気が悪化したから売れない」は本当か？

では、次にビジネスの事例で考えてみよう。

今、あなたの会社の主力商品Xが、大幅な売り上げ減に直面しているとする。「景気悪化による需要減が原因だ」といった意見が社内で多数を占めている。これを仮説として成立させるには、どんな事実が必要だろうか。

テレビや新聞で報道されている「消費マインドが冷え込んでいる」という事実からこの仮説を引き出せるかというと、答えは「NO」である。確かに一理あるけれども、Xが売れない理由と結びつくとまでは言えない。不景気でも売れる商品はいくつもあるからだ。

次に、Xの主力販売店で来店客数が急激に減っている場合、「景気悪化による需要減が原因」という仮説は成り立つか？　もし、景気以外に来店客数減少の原因がないのなら（例えば、競合店のオープンなどがないのであれば）、仮説は成り立つと言える。来店客数の減少という事実から、景気後退によってXへの購買意欲が落ちたと推測することができるからだ。

このように、「ある事実を基に引き出された推論＝仮説」と、思いつきとの区別ができるようになるだけで、論理的思考力は進化する。「現時点で最も正解に近い結論」である「仮説」を考える際には、基になる適切な事実（ファクト）が不可欠だ。事実なしに、「○○ではないか」と考えることとは、単なる思いつきに過ぎない。単なる「思いつき」でアクションを起こすのはプロフェショナルとは言えない。

最初の仮説は思いつきで構わない

ただし、最初の仮説は、「思いつき」で構わない。奇抜な説もあっていいから、まずはアイデアの数で勝負する。

1つの統計データを見るだけでも、いくつも仮説が思いつくものだ。日頃から意識してトレーニングしていると、怪しげな仮説から筋の良い仮説まで、次から次へとポンポンとひらめくようになる。

重要なのは、最初から正解を出そうとしないこと。トンデモ仮説でもいいから、まずは1つでも多くの「初期仮説」をひねり出そう。なぜなら、その間、間違いなく脳は動いている。過去の経験や記憶を脳の奥底から引っ張り出し、それらを組み合わせて1つのロジックを構築する。この作業を繰り返すことで、思考力は鍛えられる。

「思いつき」の正しさを検証するのは、次の段階。意外な説が、有力説として浮かび上がるのが面白い。

原因探求型と問題解決型

仮説思考には、「原因探求」型の仮説もあれば、「問題解決」型の仮説もある。

原因探究型では「Why?（なぜ?）」を探り、

ようするにこういうこと

仮説思考

「仮説思考」とは、判断や行動を起こす前に「仮の答えを持つ」という考え方。下図のように、現時点で目の前にある事実（ファクト）を材料に初期仮説を立て、検証し、仮説に誤りを見つけたら修正を加え、再び検証を繰り返す。単なる思いつきでなく、仮説に基づいて行動したほうが問題解決のスピードは格段に上がる。

仮説検証の繰り返しは、推理小説の"犯人探し"と同じだ！

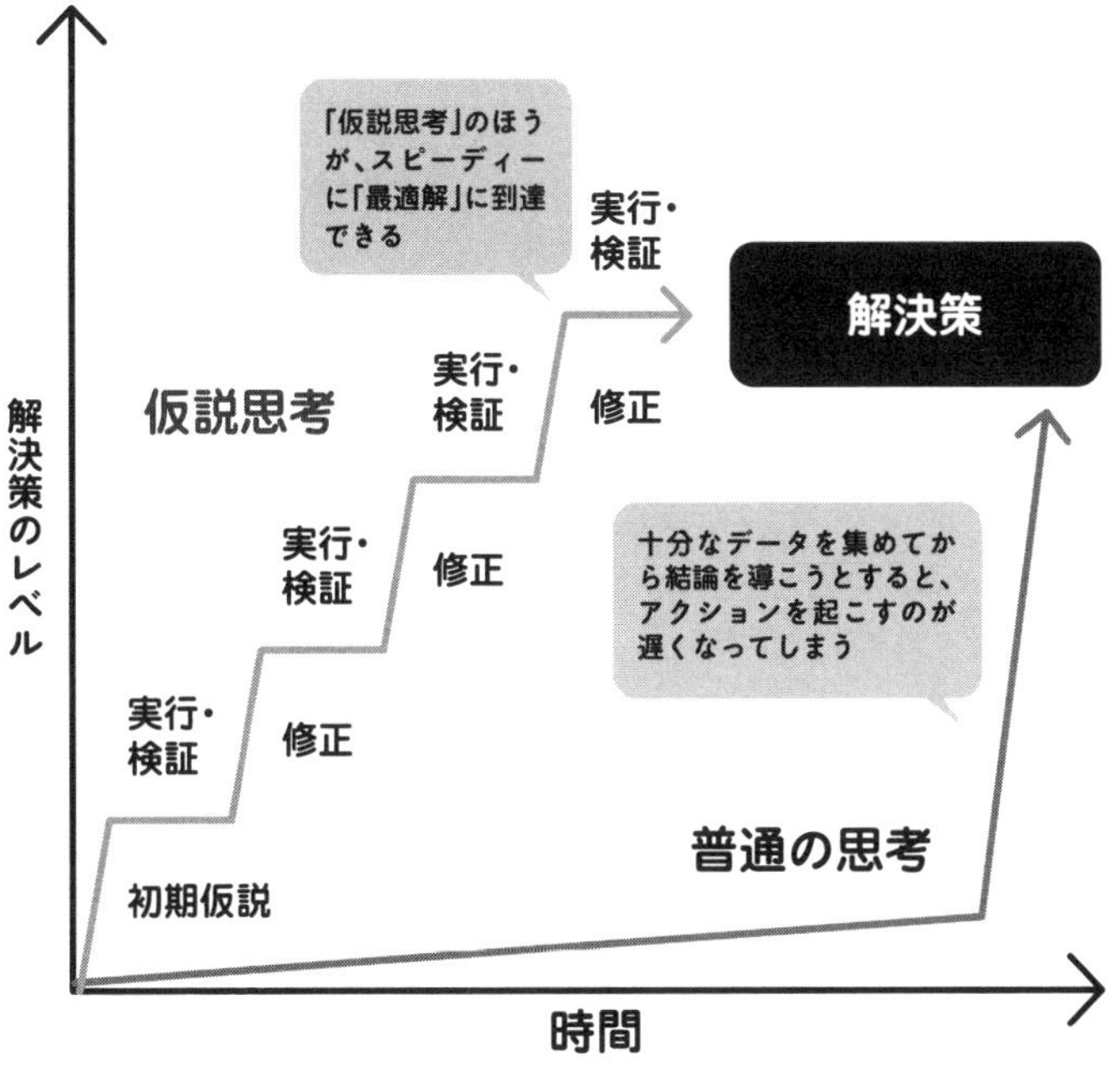

「これが原因だ」という仮説を立てる。問題解決では、「So what?（だから、どうする?）」を決める。

問題解決型は、戦略を立てるときなど、将来に向けた打ち手を決めるときに欠かせない。

どちらの場合も、「こういうことが原因で、こういうことが起こる」という因果関係の想定が仮説に埋め込まれている。後述するPAC思考で説明するようなロジックがあるわけだ。

「幻想の因果関係」に飛びつかない

ここで簡単なクイズを出そう。「2→□→6」という数列がある。空欄の□に入る数は何か?

多くの人が「偶数の数列」を想起し、反射的に4と答えるだろう。

だが、このクイズが実は、「日本の国道の番号」を問うていたならばどうか。「246」は

もちろん、「236」も「256」も正解だ。「2→□→6」から「偶数の数列」を想起した人は「法則性を見いだす力」を持っている。すなわち、ある事象を「原因（=偶数の数列）」と「結果（=2→4→6という数列）」に分解し、結びつけられる。素晴らしい能力だ。

「約束の時間に相手が来ない」という「結果」に遭遇したときに、「何かトラブルでもあったのでは」という「原因」を思いつく人は、次のアクションが早い。ビジネスでは「気が利く」タイプとして重宝され、チャンスにも恵まれる。素早く因果関係に気づく脳の瞬発力は、今のような混沌とした時代には不可欠だ。

だが、「法則性を見いだす力」は、時にフライングする。「国道の番号」を答えればいい場面で、「偶数の数列」という「幻想の因果関係」を見つけてしまうと、正解の幅を狭めることになる。

MECE

6-2 「宝探し」をするときにゼロベースで考える武器

複雑な社会の動きをふまえて仮説をつくるときには、ロジカルシンキングは欠かせない。物事の因果関係を整理し、問題解決の方策を練り上げるクリエイティブなアイデアを生み出す武器になる。

漏れなく、ダブりなく、整理する

ロジカルシンキングの基本の1つがMECE（Mutually Exclusive and Collectively Exhaustive）だ。これは「漏れなく、ダブりなく物事を整理しよう」という考え方。目の前にある問題を分析する際、それぞれの事象が重複していたり、抜けが生じていたりすると、精度や効率が下がる。事象を漏れなく、重複することなく整理することで、分析が効率よく効果的にできる。

宝探しを事例に考えてみよう。「箱の中に宝物が入っている」と言われたあなたは、目の前に1つの箱を発見した。この中に宝物が入っているかもしれない。さて、あなたならどうするか？

もちろん箱を開けてみるだろう。すると、中身は空のように見える。しかし、その箱しかなければ、時間をかけて調べるしかない。

その箱を調べた後で、ふと周りを見回すと、ほかに3つの箱があることに気がついた。さて、どうするか？　答えは「残り3つの箱を開けていく」になる。

もし、箱の数が最初からわかっていれば、1つの箱を入念に調べたりして時間を無駄にしなくても済む。「漏れなく、ダブりなく」というMECEの考え方は、この4つの箱があることを、事前に理解しようという考え方だ。

ツリー型かマトリクス型で分類

箱を決めるときには、分類の基準をうまく選ぶことが重要。つまり、どういう「違い」に着目するか。分析の目的に合わせて、意味のある基準を決める。

戦略論やマーケティング論では、MECEの考え方で、目的に応じて様々なフレームワークが作られてきて、いろいろな問題解決のツールとして利用されている。

MECEの基本は2つ。ツリー型に分岐させるか、マトリクス型に分類をするか。どちらかの方法で多くの問題は整理されていく。

過去の経験から正解がみつかることもあるが…

では、MECEの必要性をビジネスの事例で考えてみよう。

あなたの会社の主力商品が販売不振に陥っている。この事態を打開しようと、あなたは2つのことを考えた。

①過去の経験やデータから「売れない原因仮

ようするにこういうこと

MECE

目の前にある問題を分析する際、それぞれの事象が重複していたり、抜けが生じると、精度や効率が下がる。事象を漏れなく、重複することなく整理することで、分析が効率よく効果的にできる。

マトリクス

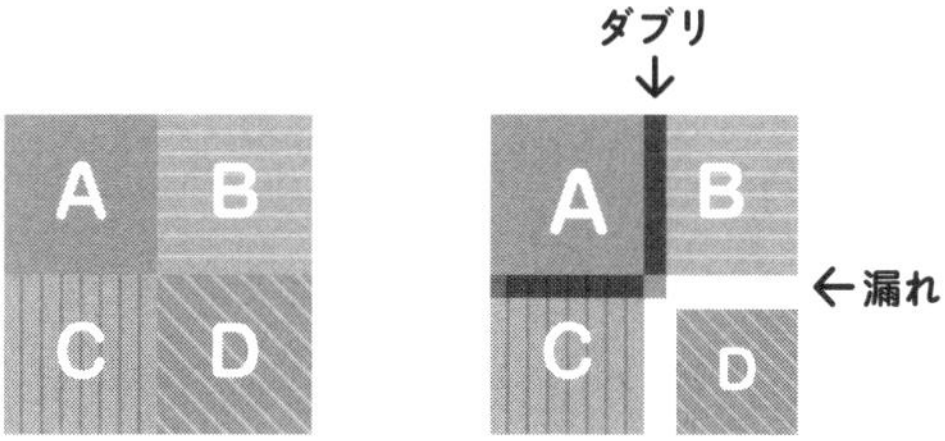

ロジックツリー

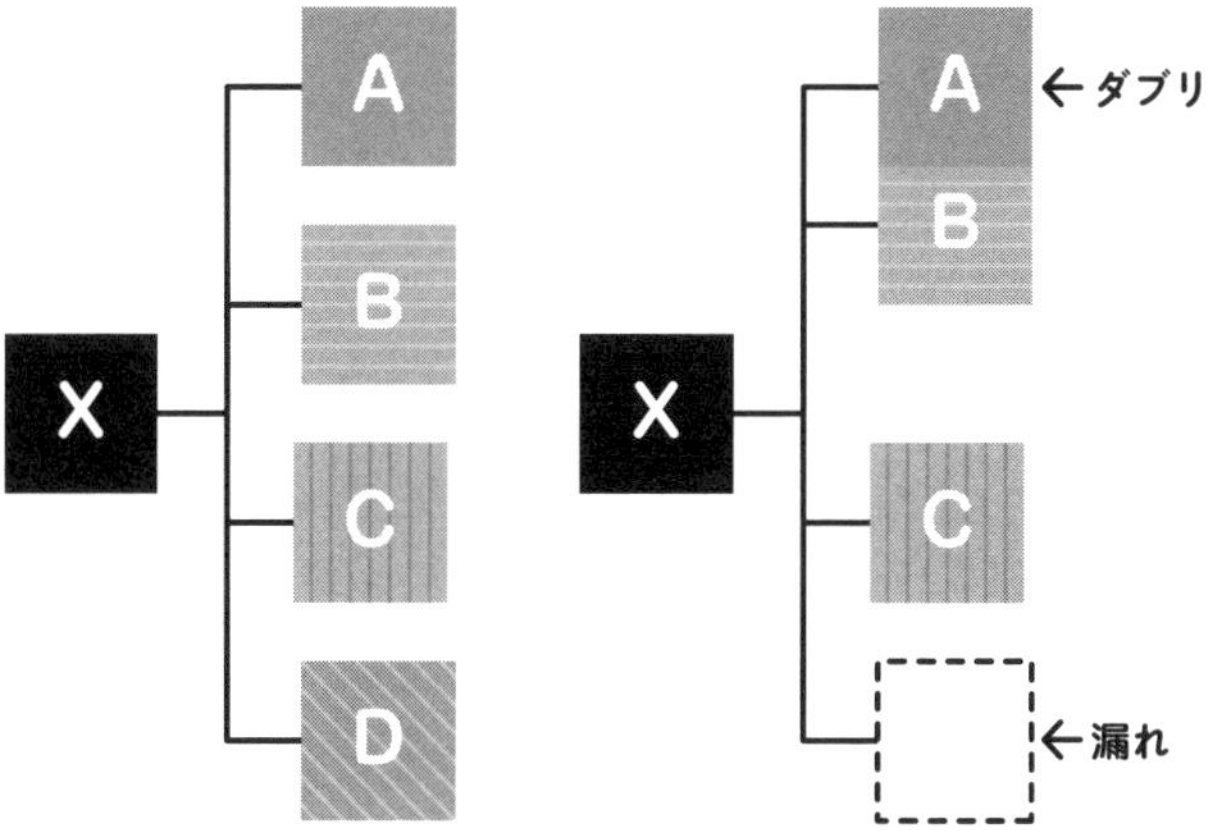

MECEは、ロジックツリーを描くときによく使う。例えば原因と結果、目的と手段などをピラミッド構造に分解する際には、漏れやダブリがないようにする。

説」を作り、すぐに対策を打つ。
②商品戦略を4P（パート4参照）や3C（パート3参照）などのMECEのフレームワークで分解し、根源的な原因を探る。

この問題の場合、どちらの選択肢も、置かれた状況によって、正解にも、不正解にもなる。経験から導き出された仮説は、正しい場合が多い。累積経験によって筋の良い仮説が生み出されることはよくあることだ。平常時であれば、①が正解になる可能性が高くなる。

一方で、これまでの経験やデータから仮説を導き出せないような場合は、②のようにMECEのフレームワークを使って自社製品についてゼロベースで考え直してみることが必要だ。経営コンサルタントなどを雇って、じっくりと答えを探していくことになるのだろう。

状況に応じて使い分ける

サッカーに例えると、①は試合中にどこにパスを出すのか瞬時に考えるようなもの。立ち止まって考えたらボールを失う。②は監督や強化責任者（GM）が来期のチーム作りを熟考するようなものだ。どちらも必要だが、求められるタイミングと場面が違うのだ。

MECE分析に時間をかけなくても、経験や知識によって導き出された仮説はかなりの確率で当たるものだ。

しかし、今までの経験や知識の延長で答えが見つからない場合に、ゼロベースでものを考え直すタイミングにはMECEの手法は重宝する。従来の知識の延長線上で最適解が見つからないときには、必要不可欠なツールとなる。

6-3 PAC 論理的に議論するときの基本3要素

ロジカルに考えるためには、論理構築の基本形を知っておくことが欠かせない。思考を深めるときには、「前提／事実（P）」「仮定（A）」「結論（C）」の3要素を意識しよう。

「仮定」が変われば別の結論に

まずはちょっとおかしな主張をする人に登場してもらおう。「私の親しい友人5人のうち4人が最近離婚した。世の中の離婚率は急速に上がっている」。さて、この主張のおかしさをロジカルに指摘できるだろうか？

PACの3要素に分解すると、どこに問題があるのか理解できる。

ここでは、「私の親しい友人5人のうち4人が最近離婚した」という部分が前提／事実（P）に当たる。そして導き出されているのは、「世の中の離婚率は急速に上がっている」という結論（C）だ。主張の中に仮定（A）は表出していないが、ここでの仮定は「私の友人は、世の中を代表している」、あるいは「私の友人は、世の中の動きを語るのにふさわしいサンプルである」というものである。

この仮定こそが、前提（事実）と結論を結びつけるロジカル思考の接着剤、あるいは翻訳機の役割を果たす。仮定が変われば、同じ前提（事実）から反対の結論が導き出される。

例えば、「私の友人」が結婚に向かない性格だとすれば、世の中の代表例にはならない（浪費家や遊び人ばかりが集まっているかもしれない）。よって、いくら前提／事実があっても、「世の中の離婚率は急速に上がっている」という結論は引き出せない。

ロジカルに考える際、とりわけ重要になるのは仮定の立て方だ。論理の正しさを確かめるため、仮定に反する事実を挙げてみよう。

ＰＡＣ思考は、論理の誤りをみつけるだけでなく、足りない情報を見極める手がかりにもなる。ＰＡＣ思考を強く意識することで、あなたの問題分析力は向上するはずである。

構造が見えない場合は要素を補う

世の中には、主張が単純で、こちらでかなりの要素を補わなければ、ＰＡＣの構造が見えないケースも多い。例えば「靴を磨けば成功者になれる」という主張を見てみよう。この背後には、おそらく、

Ｐ：道具を大事にするイチロー選手は野球選手として成功した

Ａ：イチロー選手の成功体験は、誰にでも当てはまる

といった前提と仮定があるのだろう（これがロジカルかどうかは、皆さんの判断にお任せするが……）。

ＰＡＣを商談に生かす

ＰＡＣ思考は商談にも役立つ。たとえばある

ようするにこういうこと

PAC思考

「PAC思考」とは、Premise(前提／事実)を基に、Assumption(仮定)を立て、Conclusion(結論)を導き出す考え方のこと。前提／事実と結論を結びつける仮定は接着剤のような重要な役割を果たしており、仮定の立て方を間違えれば誤った結論を出しかねない。

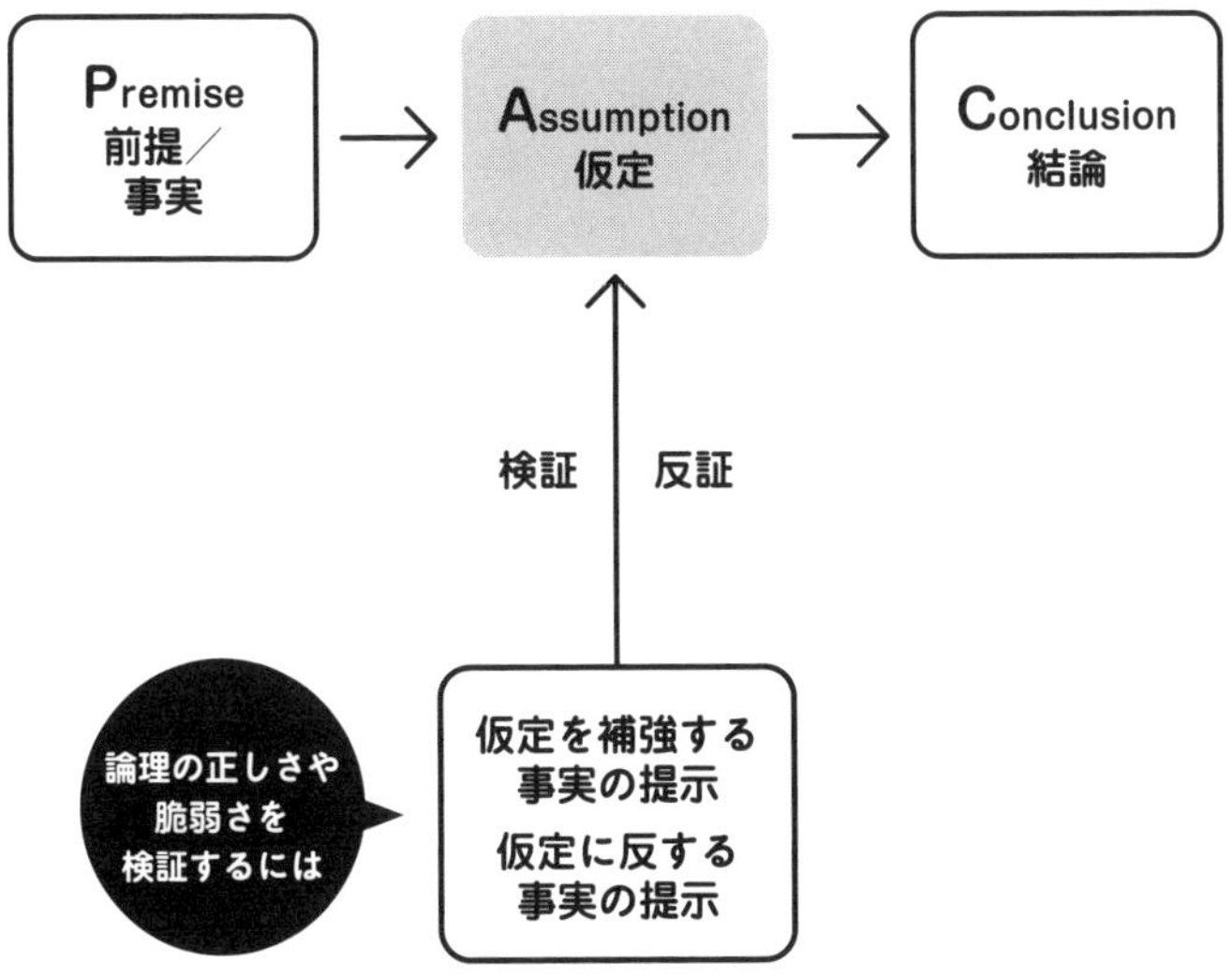

主張の中には明示されていなくても、そこには何らかの前提や仮説が隠れている。それを探ることによって、ロジックが見えてくる。怪しいロジックの問題点にも気づく。

お客さんに新商品を提案しているが、どうにも煮え切らない態度で、商談が進まない状況が続いている。世間話を交えて新商品説明をするうちに、どうも「御社の製品は割高だ……」という印象を持っているとわかった。この意見をPAC分解してみよう。

P：？？？
A：？？？
C：御社の製品は割高だ

お客さんの気持ちを推理する

PとAは何か？　これまでの経緯や過去の取引から、PとAを推測する。すると……。

何年か前に提案した新商品は初期トラブルが多く、高い買い物をしたと思っているのがわかった。また、その新製品を購入した後で、競

ようするにこういうこと

PAC思考で反論する

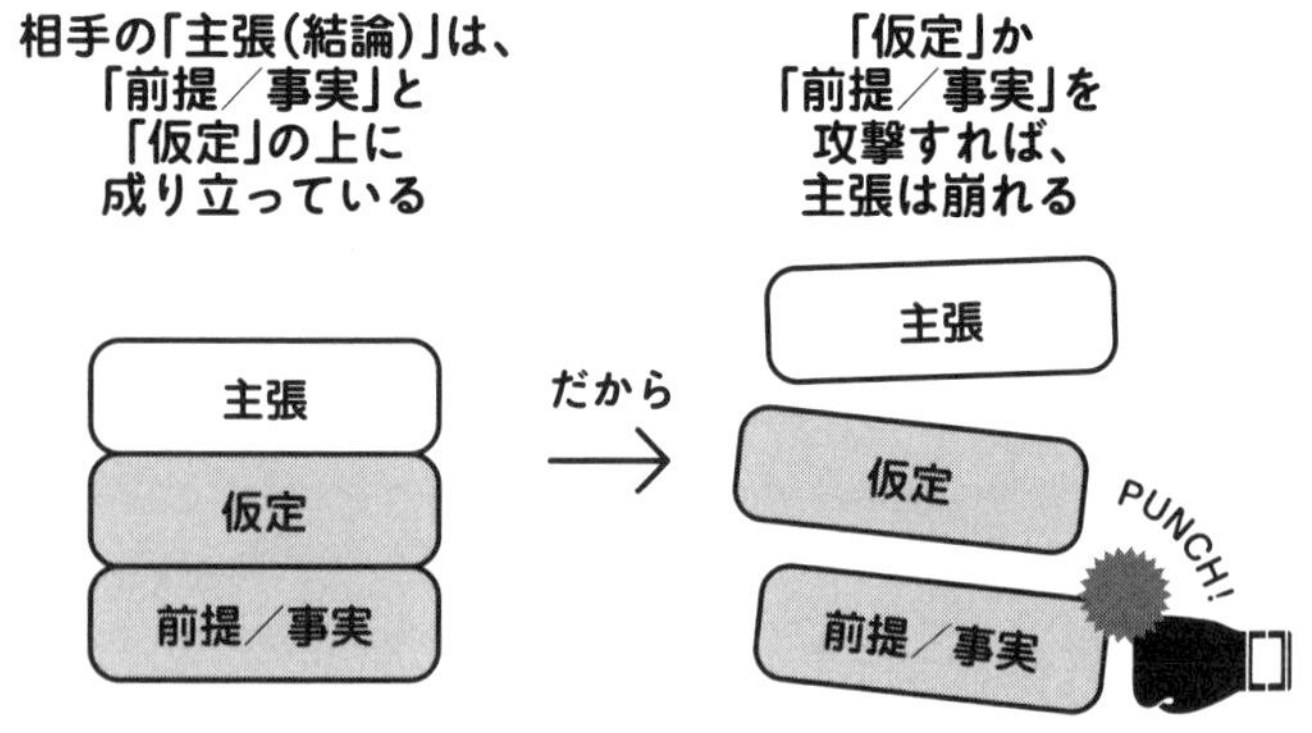

相手の「主張（結論）」は、「前提／事実」と「仮定」の上に成り立っている
主張
仮定
前提／事実
だから
「仮定」か「前提／事実」を攻撃すれば、主張は崩れる
主張
仮定
前提／事実
PUNCH!

合他社から高性能な廉価版が発売され、ネガティブな心証が強まったようだ。加えて、当時の営業マンが誠意を持って対応しなかったという、バツの悪い話が加わっていた。これをPACで再構築すると、次のようになる。

P：過去の新商品は、他社製品と比べて割高だった

A：今回も同様に違いない

C：よって、御社の製品は割高だ

これでお客さんの気持ちが見えてきた。なるほど、もっともな話だ。その後、取引を通じて印象が改善されたようだが、新製品発売のタイミングでは、過去の悪いイメージが甦る。だから、態度が煮え切らない。

お客さんの印象を変えるにはどうすればよいか。相手のCを変化させるAやPを提示して、これまでとは違った意見を持ってもらう。これが模範解答になる。

Aの「今回も同様に違いない」を変化させるには、事実が必要だ。以前の失敗から反省し、商品開発部の体制や社内基準が厳しくなった話。以降の新製品では初期トラブルが激減した話などをするとよいだろう。データや資料で補足した、説得力のあるプレゼンが求められる。

Pの「過去の新商品は、他社製品と比べて割高だった」が、事実と異なることを示すことも重要だ。ライバル社の新製品が発売されたタイミングで、値下げして対応したことや、当時の担当者がそう伝えなかったことをお詫びすると、印象が変わるかもしれない。そのときに価格対応しなかった分を、今回の取引で反映させることができれば、過去の失敗を取り戻せる可能性もある。PAC分解で相手の考えをクリアにできれば、こうした対応策が打てる。

6-4 不確実性をマネジメントする

ビジネスの世界では妄想力は重要だ。ある戦略を実行に移すと仮定して、うまくいったときといかなかったときの収益や財務状況などをシミュレーションする。いろいろなシナリオを妄想するのだ。

自分で決められることと決められないことを分ける

ポイントは2つ。1つは、不測の事態を「妄想」すること。もう1つは、「意思決定」と「不確定要素」を分けること。これから起きる出来事を「自分の力でコントロールできるもの＝意思決定」と「自分の力ではコントロールできないもの＝不確定要素」に分類する。

M&Aを結婚話のように妄想してみる

例えば、ある会社と合併したらどうなるか。M&Aの意思決定を結婚話に例えて妄想してみよう。

あなたは今、恋人のAさんと結婚するか迷っている。

ようするにこういうこと

シナリオ分析

ある決定を下したときに、想定されるリスクと期待されるリターンを明らかにする戦略論の手法。不確定要素を洗い出し、それらがアップサイド（楽観的）に振れた場合と、ダウンサイド（悲観的）に振れた場合に、それぞれどのような結果がもたらされるか、シミュレーションする。

（例）恋人のAさんと結婚するかどうかの検討

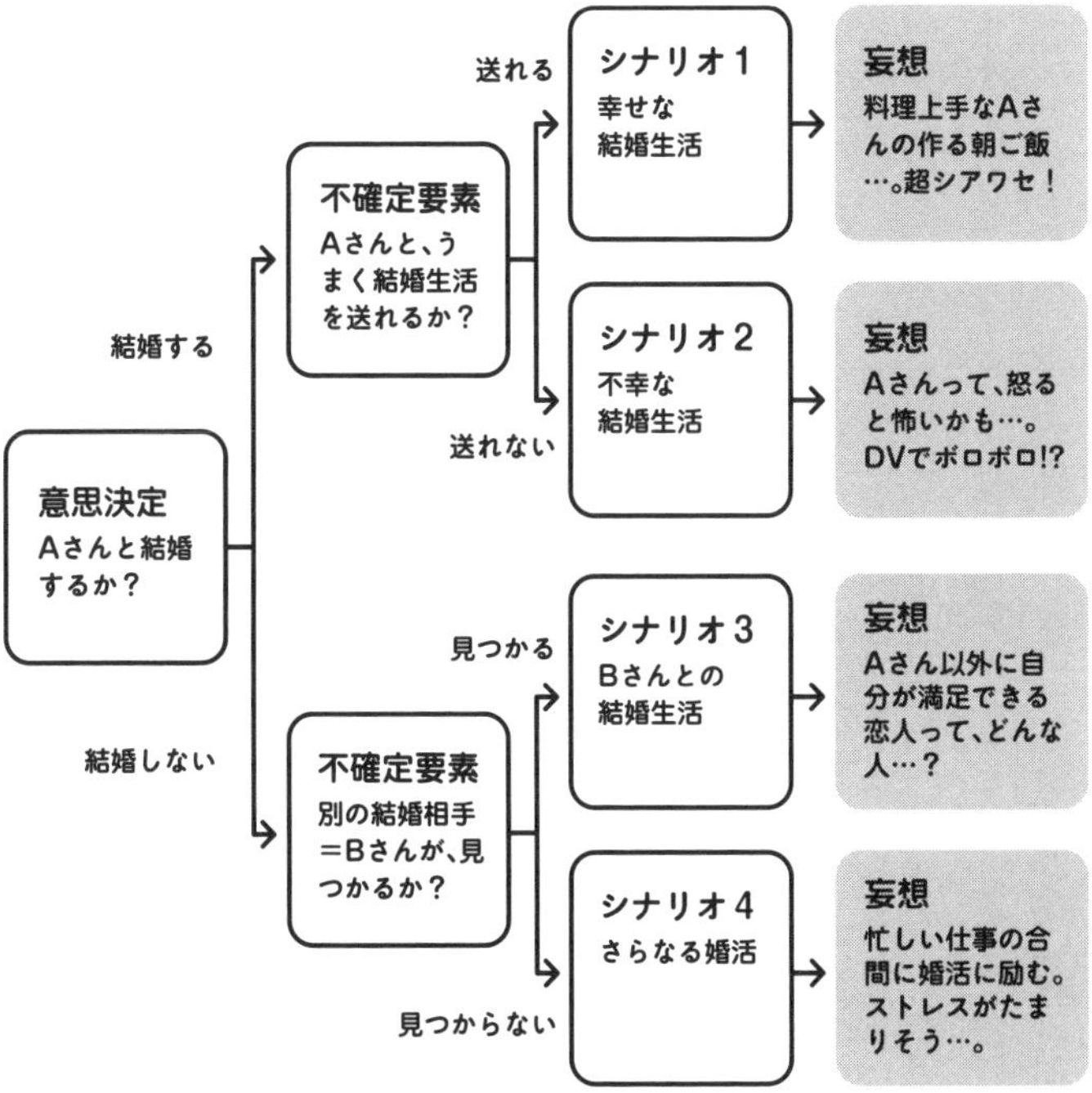

結果が良く出るにせよ、悪く出るにせよ、その時の状況を克明に想像し、体感するのがポイント。妄想の限りを尽くした結果、「Aさんとの結婚生活」が自分にとってこのうえなく幸せなもので、なおかつ「Aさん以外の人との結婚生活」や「婚活を続ける生活」の魅力が薄いことがわかれば、「不幸な結婚生活」のリスクを認識しながらも、勇気と自信を持って「Aさんと結婚する」という決断が下せる。

シナリオのスタートは「Aさんと結婚する／しない」という意思決定。その先には多くの不確定要素が待ち構えている。「シナリオ分析」では、そのうち、後の収益（例えば、あなたの幸福感）への影響が大きい要素に注目する。

「結婚する」と意思決定した場合、影響の大きい不確定要素は「結婚生活がうまくいく／うまくいかない」。アップサイド（楽観的）に振れた未来は「シナリオ1＝幸せな結婚生活」。ダウンサイド（悲観的）に振れたら「シナリオ2＝不幸な結婚生活」。

ここで妄想力を発揮する。Aさんとの幸せな結婚生活とは、どんなに素晴らしいか。一方、不幸な結婚生活とはどんな日々になりそうか……。嫉妬、疑心暗鬼、八つ当たり。最悪の場合、DV（ドメスティック・バイオレンス）？　Aさんの顔や声なども想像しながら、妄想力を全開にして、それぞれのシナリオを〝体感〟してみる。

最初の意思決定で「結婚しない」を選んだ場合、次に直面する大きな不確定要素は「別の相手が見つかる／見つからない」。その先に待つのは、「シナリオ3＝別の結婚相手Bさんとの生活」と「シナリオ4＝さらなる婚活」。

それぞれのシナリオに確率の要素を加味するとなおいい。そもそも都合よくBさんなる人と出会えるのか？　じゃあ、仕事に追われながら婚活？　ざらついた気持ちで仕事も手につかないかも……。

ベストとワーストを疑似体験する

ベストとワーストのシナリオを疑似体験するのは、無駄にならない。危険を冒しても賭ける価値はあるか。最悪の事態に耐えられるか。そこまで考えれば、「結婚する／しない」という

「意思決定」に迷いや不安がなくなる。

実際、ビジネスの現場での「シナリオ分析」は、プロジェクトの成功確率や成功した場合の事業規模などを算定し、新規事業の可否を決定するのに使われたりする。

先行き不透明で不確定要素の多い今の時代、妄想力を生かした危機管理はますます重要になる。

リスクとリターンのバランスを把握

結果が良く出るにせよ、悪く出るにせよ、その時の状況を克明に想像し、体感するのがポイント。妄想の限りを尽くした結果、「Aさんとの結婚生活」が自分にとってこのうえなく幸せなもので、なおかつ「Aさん以外の人との結婚生活」や「婚活を続ける生活」の魅力が薄いことがわかれば、「不幸な結婚生活」のリスクを認識しながらも、勇気と自信を持って「Aさんと結婚する」という決断が下せる。

最悪の事態を想定するのが、危機管理の基本。そこで重要なのが、妄想を膨らませる能力だ。重要な決断を下す前には、ベストのシナリオと最悪のシナリオを描くことが不可欠だ。リターンとリスクのバランスを把握していれば、意思決定に迷いがなくなる。

10年～20年先の未来図を描く

10年先、20年先の未来図を描く方法としては、次ページにあるようなシナリオプランニングが利用される。世の中の大きな変化を予想し、それが自分たちにどう跳ね返ってくるかを推理する。どっちに転ぶかわからない要因を軸にして、バラ色の未来と悲惨な未来を描いてみることで、ではどうすればいいかを想定しておくのだ。

ようするにこういうこと

シナリオプランニング

シナリオプランニングは、未来の不確実性を整理する手法の1つ。10〜20年程度の長期レンジで考えて、自分たちに大きな影響を与えると思われるファクターをピックアップする。その中から不確実性が高いファクターを2つ選んで2軸のマトリクスを作る。それぞれの軸で両極端な状況を想像して、4象限の未来図を考える。

(例)日本のホテル旅館業界の10年後

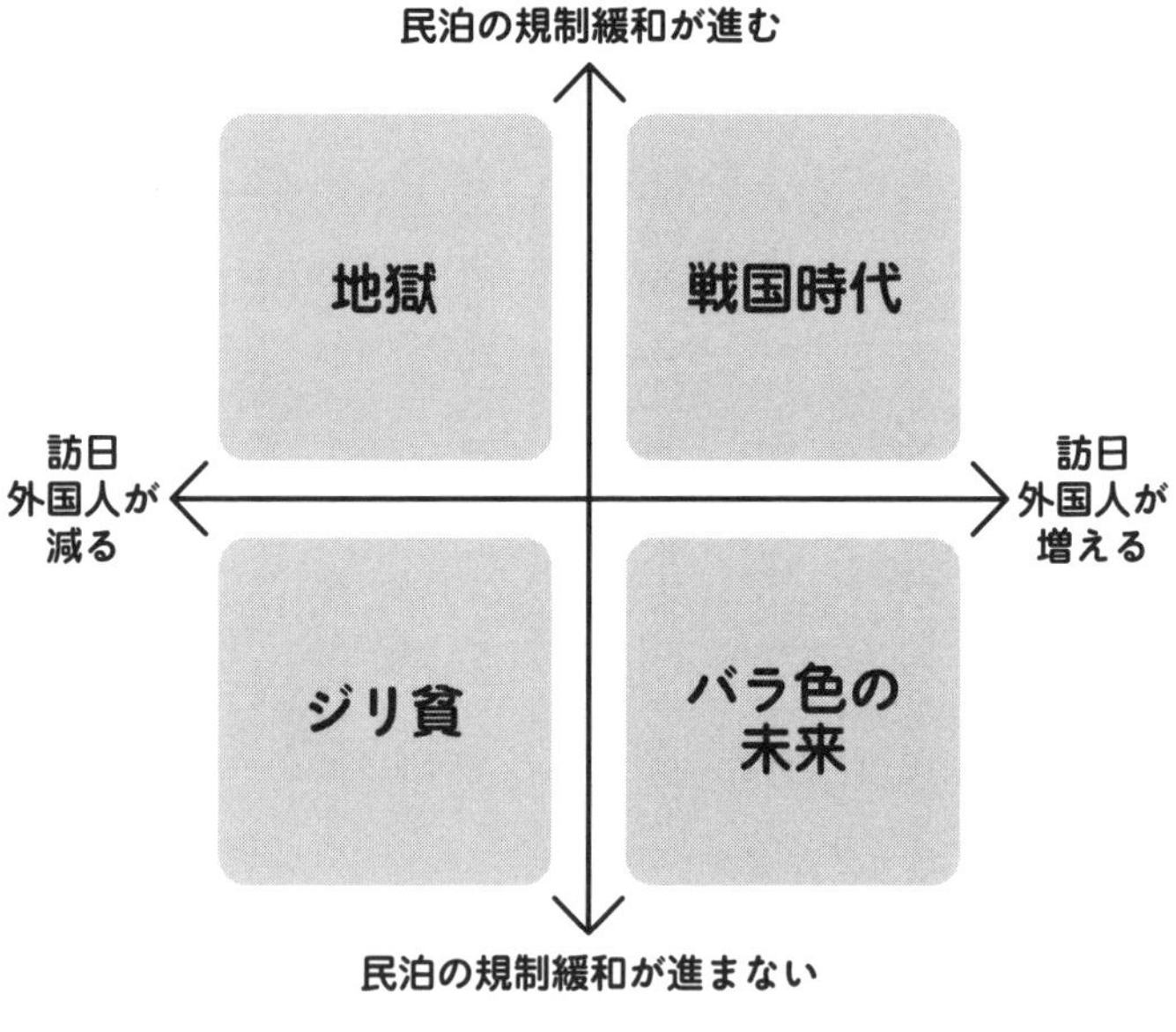

ズームイン・ズームアウト

6-5 近づいて細部を見る。遠くから全体を見る

初期仮説は、検証を経て進化させるべきもの。何より、初期仮説がそのまま筋の良い仮説として成立することは稀だ。検証してダメなら次の仮説を考える。1つの仮説に固執せず、目の前にあるファクトから幅広く様々な仮説が立てられるよう、頭を柔軟にしておきたい。

例えば、同じデータから仮説を立てる場合でも、どういう範囲で数字を見るかによって、仮説はがらりと変わる。

「グラフ1」は、日本の離婚率（人口1000人当たりの1年間の離婚件数）に関する厚生労働省の統計。1960年代半ばまでは0・8以下だったのが、じわじわと上昇し、1998年には1・94を記録した。この離婚率上昇の原因を考えてみよう。

例えば、こんな仮説はどうか。「経済的に自立した女性が増え、離婚をためらわなくなった」。なるほど、もっともらしい。だが、1960年代半ば以降、本当に経済的に自立した女性が増えたのか。自立した女性ほど離婚するものか。そもそも、かつて女性が離婚しなかったのは経済的な理由からだったのか……。

これらの疑問に答えるデータがなければ、信用できない。例えば、女性の有職率や平均収入の推移などを調べれば、この初期仮説の信憑性が高まるかもしれない。

あるいは、こんな仮説はどうか。「自由を尊重する戦後教育により、離婚への抵抗感が減った」。戦後教育を受けた新世代が結婚適齢期を迎えたのが1960年代半ば以降。そう考えるともっともらしい。例えば、戦前と戦後で比較可能な意識調査があり、個人の自由に関する意識が上昇していたら、この仮説の説得力は高まる。

さらに時代を遡ると……

ところが、さらに時代を遡ったデータを見ると、また別の仮説が作れる。驚くべきことに、明治時代後半、1899年の離婚率は1・53とかなり高く、その後、大正、昭和初期にかけて急速に低下していった。

では、この離婚率低下の原因について、あなたはどんな初期仮説を思いつくだろうか。「江戸時代の日本には、離婚を避ける倫理観は希薄だったのかも……」「貧しく、戦争も続き、若者が命を落とすことが多かった時代、子孫を残すため、子供をたくさん産もうとする意識が強く、離婚どころではなくなったのかも……」。

これらも、あくまで初期仮説。突っ込みどころはたくさんある。まずは、1つのファクトから複数の仮説を思いつくのが大事であって、それを検証するのは次の作業なのだから。

ゼロから何かを生み出すのは至難の業。突然天才的なアイデアがひらめくことはない。地道に自分の頭を動かし、仮説の芽生えを促し続ける。脳に汗をかいた時間は無駄にならない。

ようするにこういうこと

ズームイン・ズームアウト

統計データを読む場合でも、どの範囲に注目するかで仮説は変わる

グラフ1：1960年代以降の日本の離婚率

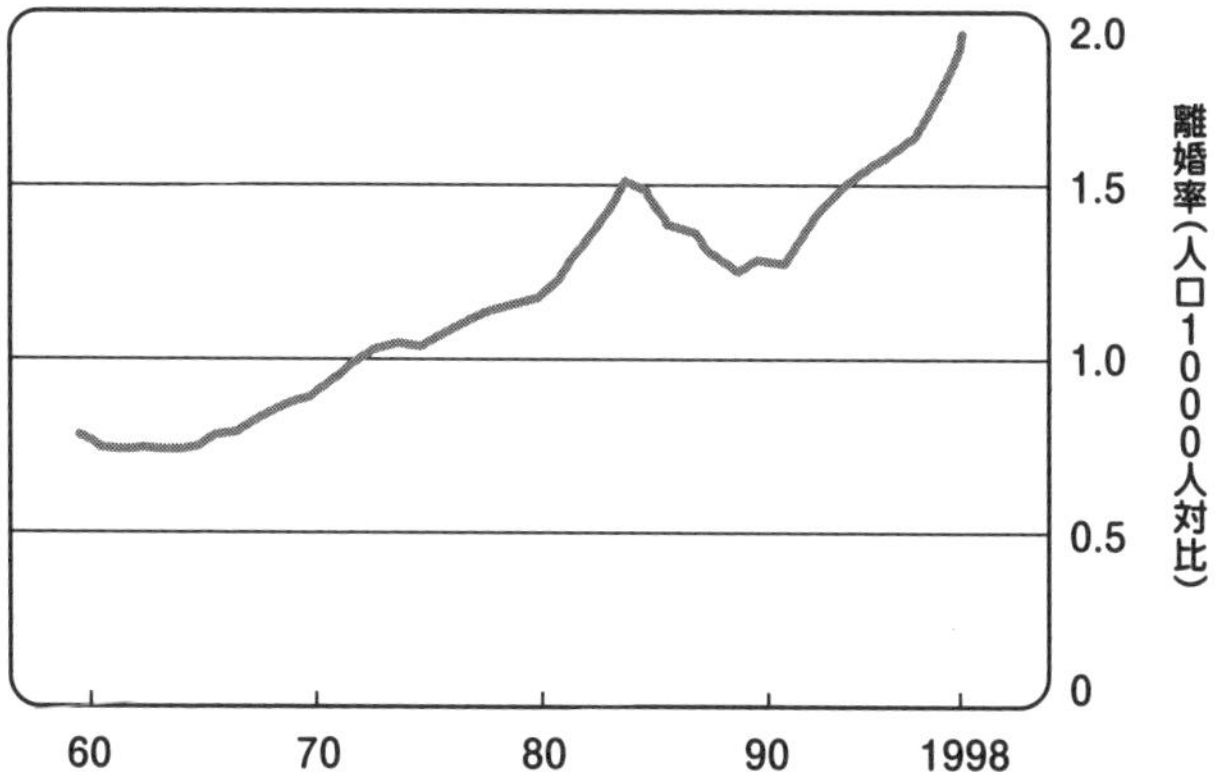

グラフ2：1899年以降の日本の離婚率

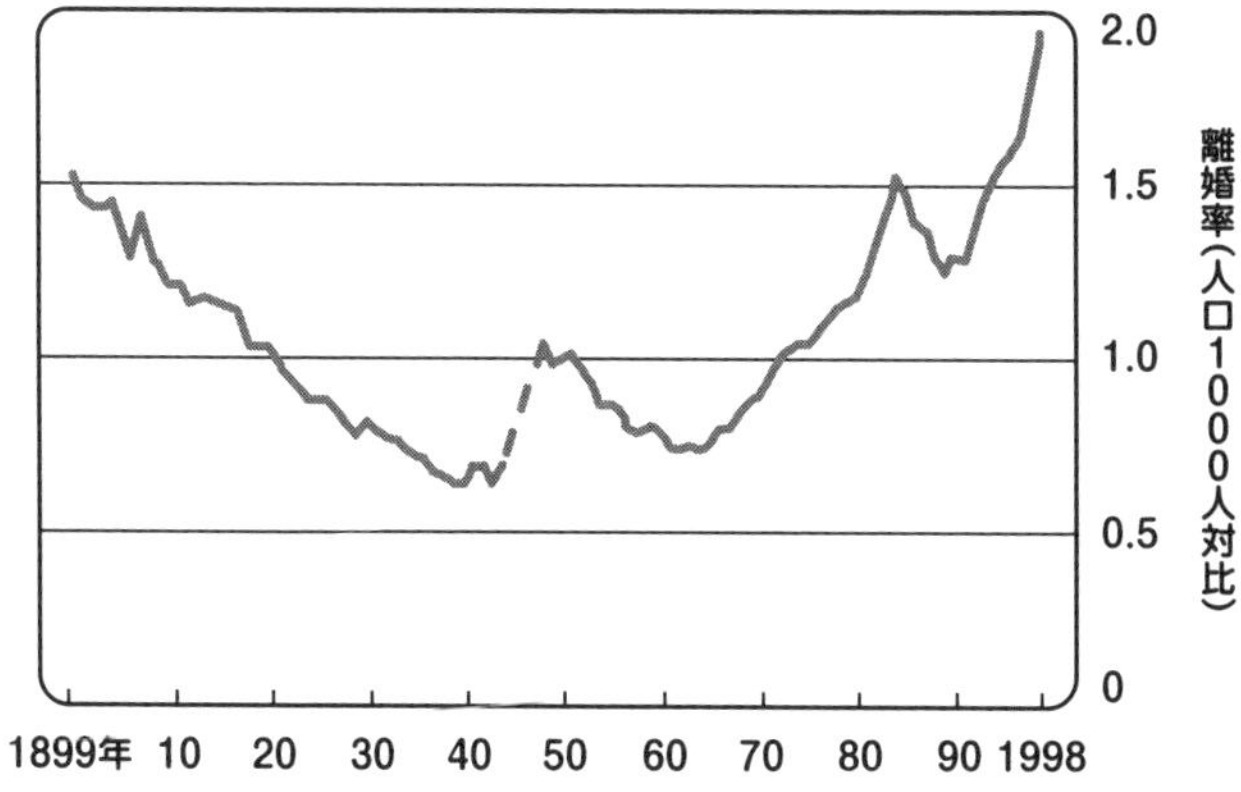

比較

6-6 「ひらめき」を生むための基本動作

コンサル業界の金言に「困ったときは何かと比べる」というのがある。あるいは、「縦横の軸で整理する」といわれることもある。これらはすべて、「比べる」ことで脳が活性化する効果を説いた言葉だ。

似た者同士なのにまったく違うことも

アイデアは比べる作業の中に埋まっている。他社の成功事例、失敗事例と自社を比べたときに、突然何かがひらめき、ビジネスの種が見つかる。そんなことも多い。

比べることで何がわかるのか？　簡単に言えば、比較によって、その価値やすごさが実感できるということ。例えば、子供用の図鑑で、大型のクジラと新幹線の一車両が同じぐらいの大きさとわかれば、クジラがどれだけ巨大な生物か実感できる。

こうした肌感覚を持つことが、新しいアイデアを生み出す肥やしになるのだ。

日々の業務で求められる多くの分析作業も、基本は比べることと変わらない。直感的に「おもしろそう」「何だかすごそう」と感じることがあれば、きっとその理由がある。何らかの基準で何かと比べてみると、それが明らかになる可能性は高いのだ。

あるいは、似た者同士だが、ちょっとした違いがある場合も同様。いろいろと比べることで、違いが明確になることがある。

尺度の選択が重要

比べるときに重要なことは、「尺度を何にするか?」。うまく基準を決めることができれば、比較する価値が高まる。

例えば、ユニクロとしまむらを比較するなら、どういう尺度を選べばいいのか。フェイスブックとLINEを比較するなら、何がおもしろいのか。どういう立場から、何を目的に分析するかで、尺度の設定は違う。

同業他社の分析をするための分析なら、その業種のキーファクターなどを比較するのが基本だ。投資家として企業の価値を知りたいなら、トヨタ自動車も楽天もアップルも、業種にこだわりなく、決算書などを基にして投資指標を比較してみることが欠かせない。

比較の基本には、他社など横並びにした比較のほかに、自社の過去のデータなど時系列の比較もある。

また、比べるときには、数値の大小などを比べるだけでなく、データのパターンを対比したりする意識を持ちたい。それは前述した統計思考がヒントになる。

「比べる」という作業を続けていくと、そこから何らかの「法則」が見つかるかもしれない。それが売り上げ増やコスト減などの参考になる因果関係を示しているものだったら、しめたものだ。

@変換

6-7 見慣れない数字は「1人当たり」に分割する

数字を身近に感じるのは難しいもの。企業が数百億円単位で赤字を出したというニュースを見てもピンとこない。自分のこととして考え、感じるためにはどうしたら良いか。ここで役立つのが「@変換」というテクニックだ。大きな数字は「1人当たり」「1日当たり」などに換算してしまう。

日本の国家予算を事例に、@変換の手法を紹介しよう。2016年度一般会計予算の概算を見ると、歳入は約97兆円となっている。税収が58兆円、公債（借金）が34兆円、その他が5兆円弱ということ。数字の意味はわかるが、「兆円」という単位は実感がない。そこで、日本の人口（約1億3000万人）で割って、1人当たりの額に@変換してみる。すると、数字は次のように変化する。

税収は国民1人当たり44万円、借金27万円弱、その他4万円で、総予算が74万円ほど。年間に44万円も税金を払い、それでも足りずに27万円も借金をして国を支えているかと思うと、思わずため息すら出てくる。

歳出も国民1人当たりの金額に@変換してみ

る。すると社会保障25万円、地方交付税交付金が12万円、文教費、防衛費、公共事業がそれぞれ４万円ほど。なるほど、ようやく自分の数字に近づいてきた。自分で４万円払っていると思えば意見が持てる。置かれた立場で意見は変わるにせよ、身近な額に@変換するメリットはここになる。

ビジネスの数字も肌感覚にする

ビジネスの世界では、@変換された数字を目にすることも多い。単価、従業員１人当たりの売り上げなど、いろいろなパターンがある。こうした数字を漠然と眺めるのではなく、必要に応じて自分で@変換できるようになりたい。ビジネスのアイデアや現状を打破する答えは、肌感覚で理解できる数字がヒントをくれることがある。

ようするにこういうこと

@変換

あまりにも金額が大きいなど、実感がわかない数字を身近に理解できるようにするためには、「1人当たり」「1日当たり」のような「単位当たり」に変換する。ここでは日本の国家予算を@変換してみよう。

歳入	2016年度 予算額（億円）	@変換→ 国民1人当たり（万円）
税収	576,040	44.3
その他収入	46,858	3.6
公債金（借金）	344,320	26.5

歳出	2016年度 予算額（億円）	@変換→ 国民1人当たり（万円）
国債費	236,121	18.2
基礎的財政収支対象経費	731,097	56.2
うち社会保障関係費	319,738	24.6
うち地方交付税交付金等	152,811	11.8
うち文教及び科学振興費	53,580	4.1
うち防衛関係費	50,541	3.9
うち公共事業関係費	59,737	4.6

▶PART7

思考の落とし穴

サンクコスト

7-1 無駄にしたお金と時間にこだわってしまう

この案件、そろそろ撤退か、あるいは継続か。どの辺まで粘るべきか、それとも潔くあきらめるべきか。

ビジネスでこうした悩みはつきものだ。次のアクションにつながる判断をするときには、管理会計や意思決定論でよく登場するサンクコストの考え方を思い出したい。

バスを待つべきか？

バス停でバスを待つシーンを想像してみよう。本来なら、とっくに到着しているはずのバスが、大幅に遅れている。あなたはもう20分もバス停で待ち続けている。このまま待つべきか、それとも別の方法を考えるべきか。定刻に来ないバスに腹を立てたあなたは、きっとこんなことを考えるだろう。

「せっかく20分も待ったのに、ここであきらめたらもったいない……」

バス待ちで無駄にした20分間を何とかしたい。もしもここで歩き出して、しかもすぐ後でバスが来たら、悔しくてたまらなくなる。だから、意地でもバスが来るまで待ってやろう。約束の時間に多少遅刻しても、それはバスが悪い。人はこうした判断をしがちだ。

しかし、冷静になって考えてみると、この判断は目的を見失っている。本来考えるべきは、どうやって約束の時間までに目的地へ到着するかということだ。

すぐに歩き出せば、まだ間に合うのか。タクシーを拾うのなら、あと何分間バスを待てるのか。こうしたことを考えて、行動する準備をすべきだ。バスを待って無駄にした20分間は、次の行動を考えるのに何も関係ない。

失われた過去を考えても仕方ない

すでに失われた過去は、考えても仕方ない。まるで、深海に沈んでしまった（sunk）もの。これがサンクコスト（sunk cost）だ。どんなに腹を立てても、時間を無駄にしたことを悔やんでも、失った20分間は戻ってこない。

であれば、頭の中から消し去ることが先決。冷静な判断を阻害するサンクコストはさっさと除外し、すっきりとした頭で意思決定する。判断を歪ませるサンクコストが何かを明らかにして、それを外した枠組みで意思決定をする。慣れてくると、シンプルにかつ冷静な判断ができるようになる。

この商談は粘るべきか?

商談の現場にも、サンクコストは隠れている。お客さんが興味ありと思って何度も足を運んだものの、そこから先に進まない。手を替え品を替え説明しても、こちらの提案を受け入れてくれる気配がない。こうした話は日常茶飯事だ。

追加商談して粘るか、次の案件に行くか。これ以上粘っても可能性がないなら別のお客さんに時間を使いたいと思いながらも、ここまで使った時間ももったいない。サンクコストを知らないと、こう考えてしまう。

商談に投下してきた時間と労力は、すでにサンクコスト化している。そう考えて行動すれば、止まってしまった案件に引きずられることなく、次のチャンスに進める。

時間は有限

うまくいかなかった商談は、「なかったこと」としてあきらめる。「これはサンクコストだからしょうがない」と自分を言い聞かせる。

バス停で延々と来ないバスを待ち続け、約束の時間に遅れるようなマネはしたくない。時間は有限なのだから、有効に使う。

肝心なのは、目の前にいるお客さんのコンバージョン・レートが高いかどうか。確率が高いなら商談を続けるべきだし、別のお客さんの成約確率のほうが高いなら、すぐに路線変更すべきだ。

売れ残ったスマホの在庫はどうする？

もう1つ、スマートフォンの事例でサンクコストを解説しよう。あるメーカーが社運をかけて最新型スマートフォンを発売した。どのライバル企業よりも高性能かつ低価格で、発売と同時に店頭で品薄になるほどの大ヒット商品になった。

爆発的な売れ行きに対応するため、メーカーは大増産体制を敷く。そして、目先数カ月は品切れにならないぐらいの、大量の在庫を確保した。これで売り逃しの心配もなく業績は安泰、

ようするにこういうこと

サンクコスト

サンクコストを引きずる人	サンクコストを引きずらない人

例1

バスを待っているが、なかなか来ない。
目的地に着かなければいけない時間は迫っている。さて、どうするか？

サンクコストを引きずる人	サンクコストを引きずらない人
今まで20分も待ったのに、ここであきらめたら、もったいない。	あと20分あるから、今から歩いていけば、間に合う。

例2

あるビジネスに投資したが、なかなかうまくいかない。
追加投資すればうまくいく可能性あるが…。さて、どうするか？

サンクコストを引きずる人	サンクコストを引きずらない人
今までの赤字を取り戻そう。もう少し投資すれば、成功するはず。	今、はじめて、このビジネスを開始するとしたら、投資するだろうか？

と思った矢先に事件は起こる。ノーマークだったA社が、画期的な新型を市場に投入してきたのだ。

常識的に考えられないほどの高機能で、価格は既存スマホの半額以下。誰も驚くような、破壊的なすごさを持った新製品だ。

店頭での力関係は一夜にして激変する。これまで一番人気商品だったこのメーカーのスマートフォンは、ぱたりと売れなくなった。倉庫には、膨大な数の在庫の山……。このメーカーは、どうしたらよいか？

何がサンクコストなのかを明らかにする

問題を解くには、まずは何がサンクコストかを明らかにする。サンクコスト化したのは、このメーカーのスマートフォン。倉庫で山積みになっている在庫は、すべてサンクコストだ。もはや今までの価格で販売するのは不可能だ。製造コストを回収できる価格で売れるのかどうかも怪しい。

だとしたら、このスマートフォンを売って儲けるというシナリオは、あきらめるしかない。

今考えるべきは、いかにして損失を最小限に食い止めるか。ライバル社に見劣りする自社のスマートフォンは、いくらまでディスカウントしたら買ってもらえるか。その場合、在庫の何割ぐらい出荷できるか。残った在庫は、いつ廃棄処分にすべきか。

こうした一連のアクションができるよう、各判断をしていく。

売れなくなった新製品をもったいないと思っても、A社を恨んでも、事は前に進まない。取り戻せない過去はさっさとサンクコストとして処理し、次のステップに踏み出すことが大切なのだ。

アンカリング

7-2 最初の一撃で交渉が支配される

アンカリングとは、最初に注目した情報に縛られてしまうこと。船が錨（アンカー）を下ろすと、そこから動けなくなる。それと同じように、最初に強い情報を打ち込まれると、そこからしか思考をスタートさせられなくなる。

あなたは今、インドを旅行している、としよう。バザールで怪しげな古物店にふらりと入った。棚にはヒンズー教の神々を模した小ぶりな置物が並ぶ。象のようなガネーシャの姿が、ふと目に留まった。薄暗い店内で見ると、何とも言えない魅力がにじみ出ている。

愛想の悪いインド人店主に値段を尋ねると、5000ルピー（約1万円）だという。「東京で買えばそれぐらいかなあ」と思うが、値切って買うのがインド旅行の醍醐味。強気の交渉を開始する。

「高い！　せいぜい500ルピーだ！」

店主は「話にならない」という身ぶりを見せ、「4000ルピーまで。これ以下はNO！」と叫ぶ。

あなたは呆れて帰るふりをする。すると店主は「待て！　3000ルピーなら！」と追いすがる。よし、こちらのペースになってきた。

結局、1500ルピーで決着した。交渉も楽しんだあなたは、すっかり満足。

しかし、話はここで終わらない。宿に戻ろうとすると、見覚えのある置物が露店で売られている。よく見れば、自分が買ったのと同じ品。太陽の光の下で見ると、何だかとても安っぽい。

嫌な予感がする。値札を見ると……100ルピー。やられた！　高値でつかまされた。

これが「アンカリング効果」。店主にいいように誘導されたのだ。

このケースでは、店主が最初に提示した「5000ルピー」がアンカー。価格交渉の際、あなたは無意識のうちに「5000ルピー」を基準にしていた。だから「1500ルピー」と言われたときに「5000－1500＝3500ルピー」も得をした気になり、安物に大金を払うハメになった。

「いつもの値段」を疑ってみる

ビジネスの世界では、この手の商法が横行している。

「3割引き！」「5割引き！」と言われると心が躍り、余計なものまで買ってしまう。これぞアンカリングのワナ。そもそも、基準となる定価がどうやって決まったのかもわからない。

コスト削減を進める際にも、アンカリングに注意すべし。企業間取引では、慣習が意外に幅を利かせているもの。何となく続いてきた「いつもの値段」を疑う機会は少ない。経営難に陥って仕入れ先を見直したらコストが大幅に下がった、なんてことは珍しくない。「いつもの値段」というアンカーにとらわれ、仕入れ先に「おいしい商売」をされていたということだ。

さびついたアンカーを自分で打ち崩す

　このようなアンカーは、価格交渉だけでなく、いろいろな場面で打ち込まれている。中国経済が絶好調だった数年前、出張で上海に行ったときのこと。急速に拡大する市場を求めて、世界中から集まる人、モノ、カネ。そして熱気……。日本で積み上げてきた価値観を破壊された気がした。大げさに言えば、「中国」という強烈なアンカーを脳幹に打ち込まれた、という感じだった。

　インドでも同様の経験をしたし、東南アジアの各国に行けば、街全体に溢れる成長への熱意に全身が包まれる。

　アンカーを打ち崩してくれるのは、新しく強烈なアンカーだ。それを他人に打ち込まれるよりは、古く錆びついたアンカーを自分で打ち崩していく意識を持っていきたい。

ようするにこういうこと

アンカリング

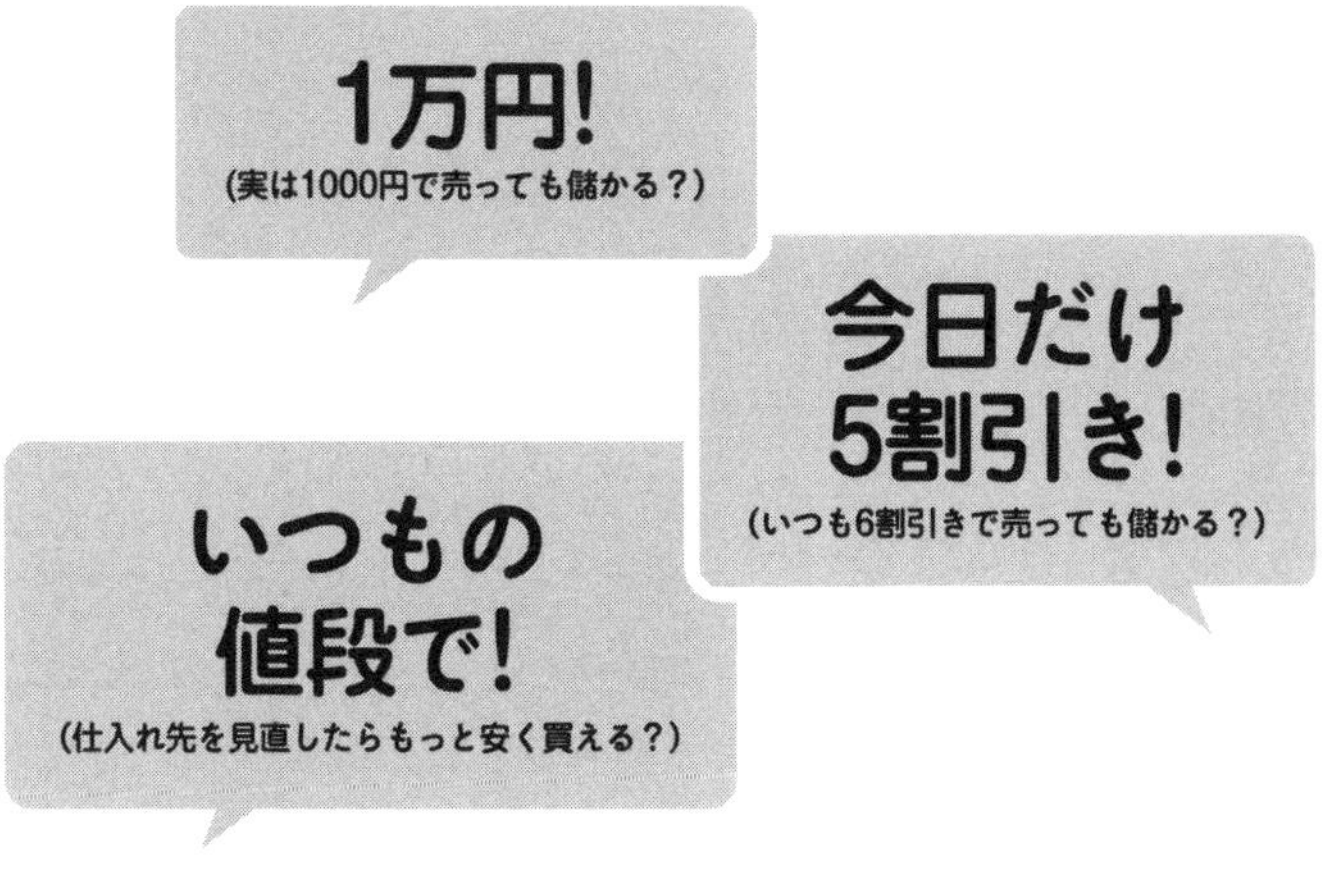
1万円!
(実は1000円で売っても儲かる?)
今日だけ
5割引き!
(いつも6割引きで売っても儲かる?)
いつもの
値段で!
(仕入れ先を見直したらもっと安く買える?)

相手から言われた値段や以前から決まっている値段などは、意思決定に強い影響を及ぼす。それがアンカリングのワナ。悪質なアンカリングには注意したい。

フレーミング

7-3 ▸ 同じものが違うように見える

公園にアウトドア用品を持ち込んで、たき火をしている一家がいる。その様子がテレビに映し出されたら、「私もやりたい」と思う人も多いだろう。しかし、この公園が大震災の被災地にあったとしたら、見方はまったく変わる。「家が壊れてしまったのか」「不便で大変だろうな」。大半の人はそう思うはずだ。

同じものを見ても、見る側の捉え方によって、解釈は変わる。それがフレーミング効果だ。

フレーミング効果は、誰が見ても同じ意味しか持たないと思われる数字の受け止め方にも表れる。例えば確率を伝えるときには、言い方によって伝わる印象が変わる。

A：この手術は99％の確率で命に別状はない。
B：この手術では1％の確率で死亡する。

あなたが患者さんだったら、どちらの手術を受けたいだろうか？　確率はどちらも同じなのに、Bの「1％の確率で死亡する」手術には恐怖を感じる。逆にAの「99％命に別状ない」は、たぶん大丈夫と思ってしまう。

確率で伝えると誤解されやすい

　では、「100人手術すると1人は亡くなる」は、確率で伝える場合と比べてどう感じるか。「1％の確率で死ぬ」と言われるよりも、少しは安心感が増すのではないか。

　同じ数字なのに、確率より具体的な数で示されたほうがイメージしやすい。確率は別の意味に取られることがあるからだ。

　天気予報で雨の確率が30％と聞くと、「1日のうち30％の時間帯で雨が降る」という意味だと誤解して、「同じような日が10回あったら3回は雨が降る」という意味だと受け取ってくれない可能性もある。

　自分にはどういうフレーミングがあるか。相手にはどういうフレーミングがあるか。何かを伝えるときには、適切な表現をしているかどうかを考えたい。

ようするにこういうこと

フレーミング

「この手術は99%の確率で命に別状はありません」

「この手術は1%の確率で死亡します」

「100人手術しても、99人は無事です」

「100人手術すると、1人は亡くなります」

同じことを説明しているのだが、言い方によって受け手の印象は変わる。

認知バイアス

7-4 判断が歪んでしまう要因いろいろ

前述したサンクコストやアンカリング、フレーミングのように、人間の判断が何らかの要因で偏ることは、いろいろな場面で起こる。そういう現象は認知バイアスと呼ばれる。ここでは、いろいろな認知バイアスを紹介しよう。

【ハロー効果】物事の判断が特徴的なものに引っ張られる

人間の判断は、物事の特徴的なものに引っ張られやすい。人を見た目で判断したり、学歴や出身地、血液型などでイメージを持ったり。心理学者エドワード・ソーンダイク氏は、それを「ハロー効果」と名付けた。人はわかりやすい事実からショートカット思考ですぐに仮説を立てたがるのだ。

判断基準が引っ張られる方向は、良い方向である場合もあれば、悪い方向である場合もある。良い方向性のハロー効果はポジティブハロー効果、悪い方向性のものはネガティブハロー効果と呼ばれる。

企業のブランドは、良い方向のハロー効果の塊だ。老舗は長年にわたって生き残ってきた歴史をもって、人々に「信頼できる企業だ」という仮説を抱かせる。

その土台の上に、確認作業を繰り返し、ブランドを強固なものとする。よくできた新製品や広告、不祥事への巧みな対応によって「さすが」と思わせることができれば、ブランドマネジメントは成功だ。

ハロー効果は、人間が長い年月をかけて培ってきた生活の知恵だ。例えば「この人を信頼していいか」を判断するのに、延々と考え込んでいては、素早い行動を起こせない。思考のショートカットが必要だ。だから、漠然とした印象に頼って「エイヤ！」と、決断を下す。

【CC効果】
自分から「やる」と言ったらやめられなくなる

CC効果とは、「Commitment and Consistency」。すなわち、「コミットしたら、継続してしまう」。自分から「やる」と言って始めたことは、やめにくいのが人間の性。一度「欲しい」と言ったら「もう欲しくない」とは切り出しづらい。何となく辞められない会社、腐れ縁の悪友など、みなさんもCC効果によってスタックしている案件を抱えているのではないか。

世の中には、そこを突いてくる商法もあって、CC効果を狙う「くさび」を打ち込んでくる。例えば「無料お試し」は、継続使用させるための最初の商品だ。前述したアンカリングを使った「通常価格1万円のところ、今ならサンプル無料」といった誘い文句に、思わず心動かされてしまう人がいる。CC効果の入口はそこかしこにある。

【オープンカー効果】
実際より楽観的に考えてしまう

オープンカー効果と呼ばれる、人間の傾向がとだ。ある。無意識のうちに楽観的に考えてしまうことだ。

想像してみよう。貯金をはたいて、昔から欲しかったオープンカーを買うことになった。どんなドライブシーンを思い描くだろう?

穏やかに晴れた日、気持ちの良い風を浴びながら、山道を駆け抜けていく。あるいは、爽やかな風の中、都内を疾走する。映画の1シーンのような場面を想像するはずだ。しかし1年365日のうち、オープンカー日和は何日ぐらいだろうか。

暑すぎる夏は適さないし、冬の寒さはつらいもの。雨が降ったら幌をかぶせるし、曇りの日は運転する楽しさも半減する。こう考えてみると、気持ちよく晴れ、適温なオープンカー日和は年に60日もあるだろうか。買う人は、この確率をもっと高く感じる。

自分がやりたいことに関して、実際よりも楽観的にものを考えてしまう傾向。これがオープンカー効果と呼ばれる心のバイアスだ。

【レゴ効果】「自分で作ったもの」は輝いて見える

自分で作ったレゴブロック作品は、とても輝いて見える。誰が作ったレゴブロック作品よりも「優れている」。この無意識のワナはレゴ効果と呼ばれる。親ならば誰でも自分の子供が一番可愛いのと一緒だ。

自分の資料はよくまとまっている。自分のアイデアのほうが優れている。自分の話のほうがおもしろい。

しかし何日も練った提案を上司にプレゼンしたのに、上司はまったく反応してくれない。「どうして伝わらないのか!」。そう苛立つ人はレゴ効果に影響されている。本当は平凡なアイデアなのに、それに気がつかないのは本人だけなのだ。

逆に、レゴ効果がうまく機能すると、商談などの成功確率が上がることもある。こちらの提案をお客さんが「自分化」する段階で、レゴ効果に期待するのだ。

「自分化」とは、自分で考えたものだと思えるようになること。聞き上手な人と話をしていると、いつの間にかこちらの考えが進化していく。そんな経験はないだろうか？　あなたと話をすることで、お客さんの買いたい気持ちが進化して、それが確信に変わる。それが商談におけるレゴ効果の正しい使い方だ。

自分の意見は二の次にして、お客さんのレゴ効果を刺激すれば、相手は「よし、やってみよう」と思ってくれる。そうなったらオープンカー効果やCC効果も効いてくるかもしれない。

ようするにこういうこと

認知バイアス

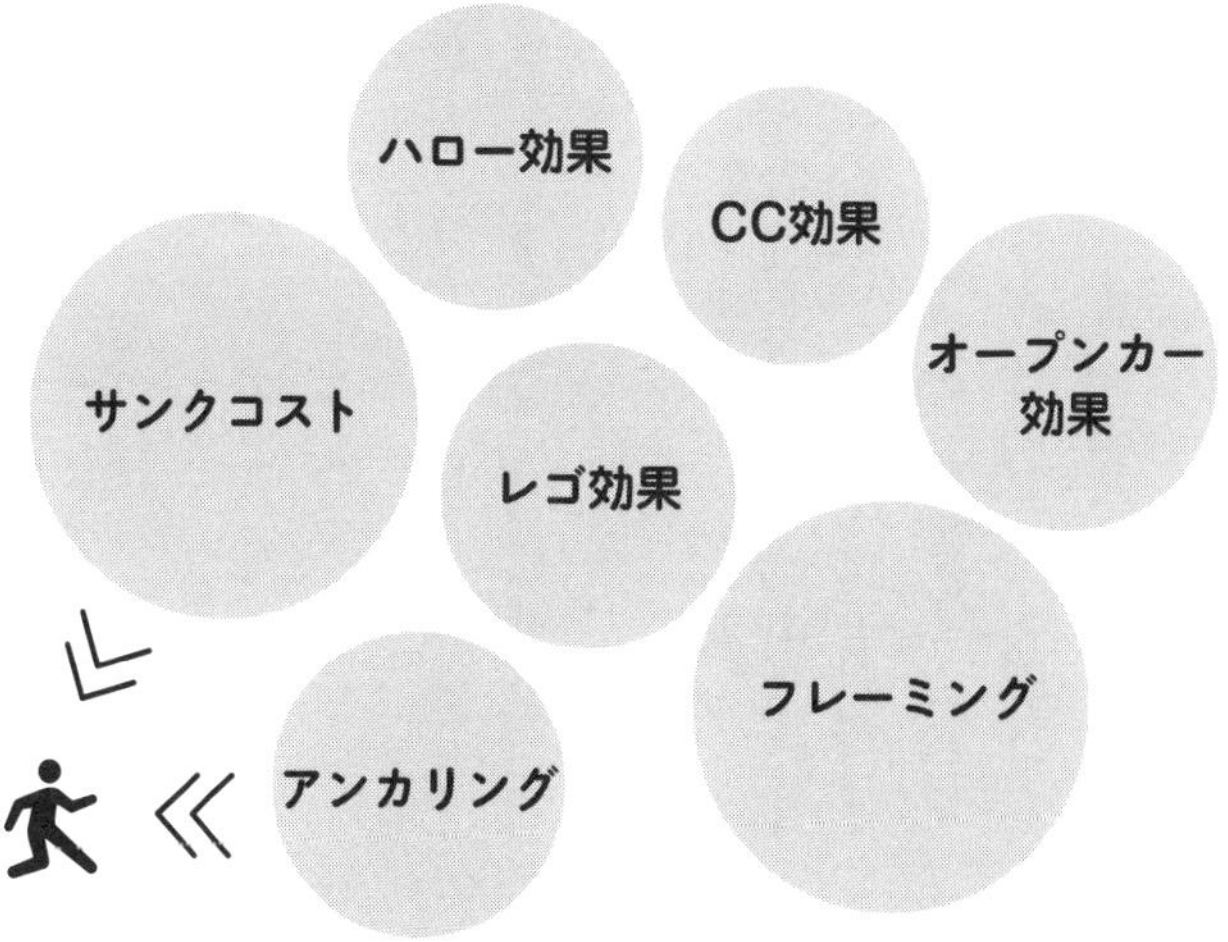

判断を歪ませる要因はいろいろあり、それらを総称して認知バイアスという。意思決定をするときには、自分がどういうバイアスを受けているか、人がどういうバイアスを受けているかを考えてみるようにしよう。

確証バイアス

7-5 仮説を確かめたくてしょうがなくなる

「あの人はいい人だ」――。普段、何気なく使う表現だ。けれども、改めて考えると、一体何を根拠に「あの人＝いい人」と判断しているのか。昔、親切にされたときの印象が強く残っている。顔立ちや声に、いわゆる「いい人」的な雰囲気が漂っている。あるいは、周りのみんなが「いい人だ」と口を揃えて言っている……。

いずれにせよ、「あの人＝いい人」という判断は、何かしらの情報から引き出された推論だ。要は、仮説に過ぎない。

根拠となる情報が怪しい噂に過ぎなくても、仮説は成り立つ。また、事実と結論を結ぶロジックが弱い仮説もある。そんな脆弱な仮説でも、脳にインプットされると、強い影響力を持ってしまう。

例えば、転職してきたAさん。着任早々、柔らかな物腰で「いい人」という印象を周囲に植えつけた。すると、その後、職場の人たちは、Aさんの一挙手一投足から「いい人」的な事実ばかりを発見してしまう。本当は「腹黒い人」なのかもしれないのに……。

そして、得意先の社長に丁寧に挨拶するのを見て「やはりいい人だ」という思いを強める。一方で、Aさんが、下請けの社員につっけんどんな態度を取る姿は見落としてしまう。あるいは、Aさんが深夜までパソコンに向かっていれば「大変な仕事を任されているのだろう」と信じ込む。けれど、本当は、不正経理の証拠を必死にもみ消しているのかもしれない。

「いい人」仮説があると、人はその仮説に合った情報を取捨選択して取り込む。「いい人」らしい言動だけを見て「やっぱりそうなんだ」と確認したがるものだ。

これが意思決定論で学ぶ「確証バイアス(confirmation bias)」。人間にはひとたび仮説を持つと、あらゆる情報をその仮説を確認(confirm)する方向に解釈してしまう悪いクセがある。誰もが持つこのバイアスを日頃から自覚し、立ち止まって考える癖をつけることが大切だ。

ようするにこういうこと

ウェイソンの4枚のカード

一方の面にはアルファベット、もう一方の面に数字が印刷してあるカードが4枚ある。「一方の面のアルファベットが母音であれば、もう一方の面の数字は偶数である」というルールが成り立っているかどうかを確かめたい。そのときに裏返す必要があるカードはどれか？

E	K	4	7

正解は「E」と「7」。ところが、「4」も上げる人が多い。「母音の裏が偶数」と言われると「4の裏は母音なのか？」を確かめてみたくなるからだ。

認知不協和

7-6 自分の中に矛盾が生じた時の不安心理

自分の信じていることがくつがえされると、人は不安な気持ちになる。ずっと続けてきた健康法に効果がないという話を聞いたり、これがかっこいいと思っていた行動がダサいものだと気づいたり。そういうように自分の中に矛盾を抱え込んだ状態が「認知不協和」だ。

認知不協和が生じた場合、人は自分の行動を正当化するように、自分の認知を変えてしまうことが多い。「自分のやっていることが間違いだということを認めたくない」という心理状態になり、無意識のうちに不安やストレスを解消しようとする。これは米国の心理学者レオン・フェスティンガー氏によって提唱された概念だ。

例えば、自分の判断を裏付ける情報を無意識に集めようとする。要するに、自分自身を納得させる材料を探すのだ。自分の続けてきた健康法の効果を伝える情報をネットで探したりするわけだ。

これはマーケティングなどに関わる人は、知っておきたい概念だ。顧客に気持ちよく使い続けてもらうためには、顧客の認知不協和が生じないようにする手だてが必要だ。

ようするにこういうこと

認知不協和

自分の信じていたことや好きなことをくつがえす情報や出来事に遭遇して、自分の中に矛盾を抱えてしまうことを認知不協和という。その場合、人は自分の行動を修正するのではなく、自分の行動を正当化するように認知を変えてしまうことがある。

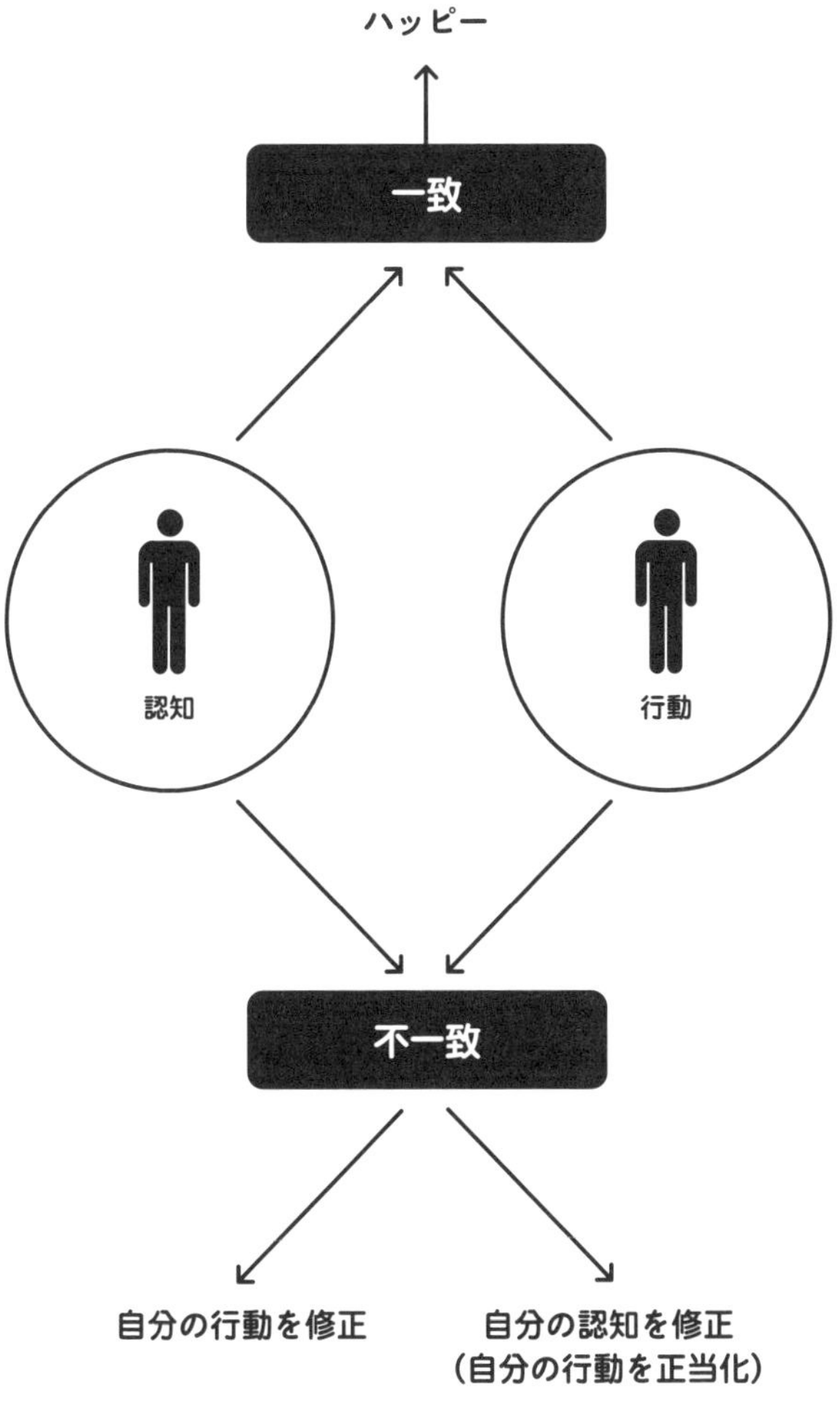

7-7 頭の中で起きる不思議な会計処理

メンタル・アカウンティングとは、直訳すると「心の会計」。頭の中で勝手な会計処理をする人間のクセを指す、行動心理学の言葉だ。

臨時収入はパーッと使ってしまう

例えば、毎月の給与もアルバイトの臨時収入も、お金はお金。別に色がついているわけではないし、財布の中に入ってしまえば一緒だから区別できない。

ところが、稼いだ本人の中では何となく「給与所得＝堅実に使うべきお金」「臨時収入＝パーッと使っていいお金」と色分けされる。たまたま買っておいた株の値上がりに伴うキャピタルゲインなどは「パーッと使ってＯＫ」な予算として自動処理される。

「キャピタルゲイン」というお金の入手方法と、「豪華なディナー」という支出の費目には、本来まったく関係がない。そこを無意識のうちに紐づけてしまう心の働きが、メンタル・アカウンティングだ。

こんなケースもある。

「ランチ代は毎月1万円以内」と決めて節約しているAさん。今日も、おかずの一品多い450円の弁当にするか、300円の弁当で済ますか、頭を悩ませている。

ランチは節約するのに車には気前良くなる

ところが、この同じAさんが、結婚を機に車を買うとなると、車体価格200万円に10万円のオプション装備を付けることに躊躇しない。将来マンションを買うときにも、バルコニーのタイルに数十万円の追加料金を気前よく払ってしまうのだろう。

これもまたメンタル・アカウンティングの一種。個々のコストの大小を、全体に占める比率で判断してしまうのだ。

ランチ代の300円と450円の弁当の価格差は50%になる。一方、自動車の本体価格200万円と比べて、オプション装備の10万円は5%でしかない。

しかし、絶対額を比べれば150円と10万円。オプション装備のコストにもっと敏感になるべきなのは言うまでもない。

「予実管理」の長所と短所

メンタル・アカウンティングの罠にはまるのは、個人ばかりではない。企業会計に目を転じよう。

企業では一般に、新しい会計年度が始まる前に売上高と経費を予測し、予算を立てる。そして、新年度に入ると、実際の売り上げやかかった経費をチェックし、予算から大きくブレないように経営上の施策を打つ。これが、いわゆる「予実管理（予算実績管理）」。「管理会計」の基本的な手法だ。

予算は、過去の実績がベースになることが多い。例えば、前年度の製造原価が1億円ならば、これに「コスト5％カット」という目標を織り込み、今年度の予算を9500万円とする、といった具合だ。このように、予算を小分けにするのは、黒字達成のために必要不可欠なプロセスだ。

しかし、小分けされた予算が一人歩きして、本末転倒な事態に陥ることもよくある。例えば、それぞれの支出項目について、実績値を「予算比で95～105％」に収めることを厳密に求める企業がある。

すなわち、予算1000万円の接待交際費を「900万円＝90％」しか使わないと、経理部に文句を言われる。一方で、予算1億円の広告費を「1億400万円＝104％」使うのは、お咎めなし。

考えてみれば馬鹿げた話だ。接待交際費での100万円のコスト削減効果を、広告費の400万円オーバーが吹き飛ばし、足し合わせれば予算比300万円の赤字になってしまうのだから。

なのに、予算管理上、問題視されるのは接待交際費。「利益の最大化」という大目的が忘れられている。弁当代の150円に悩むAさんを、笑い飛ばすことはできない。

「どんぶり勘定」は役に立つ

会計の基本は「八百屋のどんぶり勘定」。まずは「総収入－総支出」で黒字を出すこと。細かな勘定科目に分けるのは、目標を達成するための手段に過ぎない。

個人も企業も「木を見て森を見ず」に陥らないようにしたい。

ようするにこういうこと

メンタル・アカウンティング

同額のお金であっても、入手方法や使い道、保管方法などによって、重要度を分類し、扱い方を変えてしまう人間の心のクセのこと。行動経済学の第一人者であるシカゴ大学のリチャード・セイラー教授が提唱。日本では「心の会計」と訳されることが多い。

(例)給与所得とキャピタルゲイン

	金額	現実の価値	心の中での評価	心の中での分類
給与所得	10万円	同じ	重要度が高い	生活費や貯金 (堅実に使うべきお金)
株の売却益 (キャピタルゲイン)	10万円		重要度が低い	娯楽費など (パーッと使っていいお金)

↑ メンタル・アカウンティング

Aさんは今月、給与所得の10万円に加えて、株の売却益を10万円得た。客観的にはどちらも同じ10万円で、Aさんは合計20万円を自由に使えるはずだが、心の中で無意識のうちに「給与所得の10万円＝堅実に使うべきお金」「株の売却益の10万円＝パーッと使っていいお金」と分類する、会計処理を行ってしまう。

(例)ランチとマイカー

	内訳		オプションの絶対額	オプション価格の本体価格に対する割合	オプション価格に対する心の中での評価
	買うと決めたもの(本体)	迷っているもの(オプション)			
ランチ	300円	おかず1品 追加150円	安い	高い(50%)	高いオプションは付けない
マイカー	200万円	カーステレオ 10万円	高い	低い(5%)	安いオプションを付ける

↑ メンタル・アカウンティング

買い物で迷う2つの場面。「300円の弁当に150円のおかず1品を追加するかどうか」と「200万円の自動車に10万円のカーステレオを付けるかどうか」。150円のおかずをあきらめるにもかかわらず、10万円のカーステレオに躊躇しない人が、意外に多い。それは、絶対額ではなく、本体価格との比較でオプション価格の「高い／安い」を評価してしまうから。

7-8 「損」に過剰反応するネガティブな反応の崖

人は、自分が得をすることより、自分が損をすることに過剰反応する。1000円もらうのと、1000円失うのでは、1000円失うほうが、心が受けるインパクトは大きい。同じ金額であっても、こうした傾向が出る。

損失に対して無意識に過剰反応する傾向は、原始的な人類が身につけた生きる知恵とも言える。命に関わる危険は深く記憶に刻み込んでおく必要があったのだろう。生存するための反射だ。

心理学や経済学では、こうした傾向を説明するプロスペクト理論が使われる。その理論をグラフに表すと図のようになる。グラフをよく見ると、「プロスペクト曲線の崖」とも呼べるエリアがあることに気がつく。損失側に入ってすぐの領域で、ネガティブな反応が大きくなっている。小さなマイナスでも心に与える影響は甚大、ということだ。

基準となるレファレンスポイントは何か？

人が「損失」と「利益」を見分ける基準にな

るのがレファレンスポイント（参照点）だ。人は何かを評価する時、勝手にレファレンスポイントを設定してしまう。

同じ状況に直面している人が何人もいても、人によってレファレンスポイントは違う。また同じ人でも、状況が変わるとレファレンスポイントは変わる。だから自分の損得勘定を受け止めるときには、何がレファレンスポイントになっているかを意識したい。

マーケティング上も重要

これはマーケティング上も重要だ。誰に何を売るのか。そのときに、相手が比較対象とするものは何か。

そこを自分の価値基準で判断しては戦略を誤る。ターゲットとする顧客のレファレンスポイントはどこか。それを見極めたい。

ようするにこういうこと

プロスペクト曲線

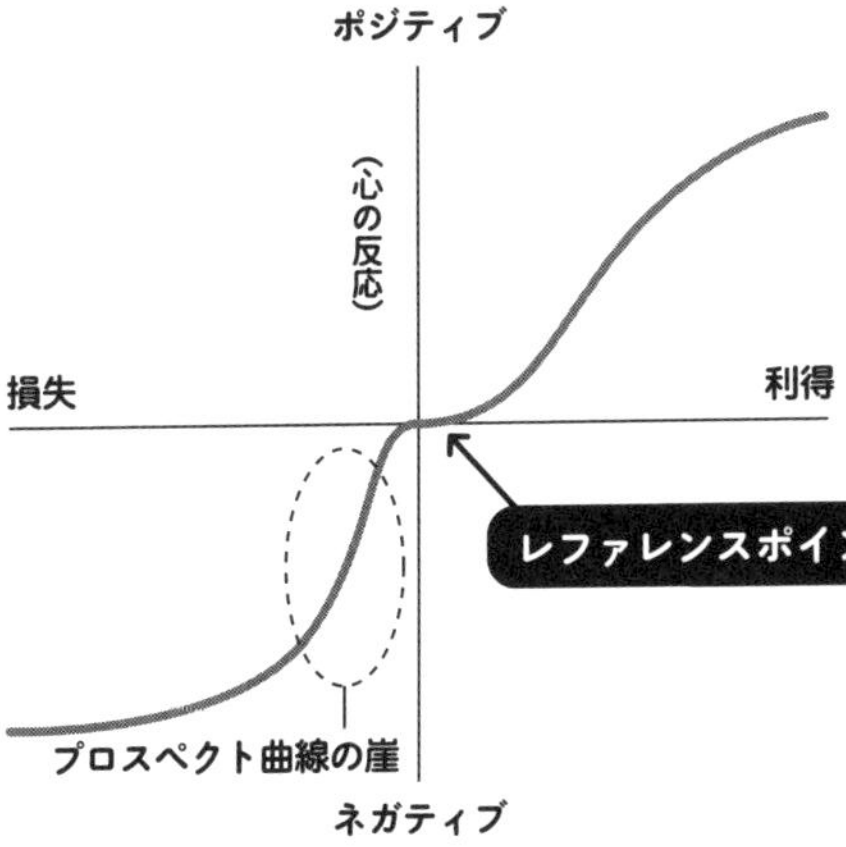

人は、自分が得をすることより、自分が損をすることに過剰反応する。横軸に「利得・損失」、縦軸に「心の反応」を取ったグラフを作ると、損失側に入ると急激にネガティブな反応が大きくなる「プロスペクト曲線の崖」ができる。小さなマイナスでも心に与える影響は甚大、ということ。

囚人のジレンマ

7-9 「あいつがやるなら俺もやる」は損をする

自分の利益をいかに増やすかということを追求するときの「落とし穴」を説明するのが「囚人のジレンマ」。要するに「自分のことだけを考えた戦略は機能しない」ということ。ゲーム理論の典型的な考え方として登場することも多い。自白と減刑の間で、囚人はどう行動するのか。最善であるはずの行動が、まったく逆の結果を招くことになる。ジレンマそのものだ。

ゲーム理論は、複数のプレイヤーが一定のルールの下で、それぞれの利益を最大化しようとするときに、どのような行動を取るかを探る。日常生活に当てはめて考えられる事例も多く、学んでいて楽しい科目だ。

割り勘負け

簡単な例題を考えてみよう。

あなたは今、友人たちと中華料理店に来ている。しゃれた雰囲気なのにアットホームでいい感じ。メニューを見ると、決して安くはないが、高くもない。一部の超高級品はいい値段だが、それ以外は、いつもの店とあまり変わらないぐらいだ。

支払いは割り勘と決めてある。大酒飲みもいるし、しっかりおいしいものを食べないと、1人だけ損してしまう。「割り勘負け」だけは避けたいな……。そんなことを考えながら、注文を入れていく。

最初はおとなしく、ビールと点心あたりから。それに手頃な値段の炒め物や蒸し物が続く。ところが、酔いが回り始めるとともに、不穏な空気が漂い始めた。

「割り勘だから、北京ダックとか頼んじゃっても大丈夫だよね」

隣の2人がひそひそと話しているのが聞こえる。すると、目の前の酒豪男子が、おもむろに紹興酒を注文。かなり値の張る品だ。

このままでは割り勘負けする。すかさず、あなたもフカヒレをオーダー。友人たちの注文もエスカレートし、テーブルの上を高級食材が飛

ようするにこういうこと

囚人のジレンマ

囚人A ＼ 囚人B	黙秘	自白
黙秘	懲役1年 ＼ 懲役1年	懲役8年 ＼ 釈放
自白	釈放 ＼ 懲役8年	懲役5年 ＼ 懲役5年

2人組の容疑者が警察に捕まった。2人は別々に取り調べを受けている。警察は2人に自白させるため、次のような条件を示した。「2人とも黙秘を続けたら、2人とも懲役1年だ。お前だけ自白したら、お前は無罪放免して、相棒を懲役8年にする。2人とも自白したら、2人とも懲役5年だ」。AもBも、「あいつが自白するなら、俺も自白したほうが得だ」と考える。結局、AもBも自白して懲役5年になる。2人とも黙秘を続けて懲役1年で済ませることができたのに、お互いに「裏切り」を選択する結果になる。

び交う。そして……。

　お会計を済ませて戻ってきた幹事が青い顔をしている。淡々と告げられる割り勘の金額。それは、想定していた金額の数倍になっていた。

ベストの選択をしたはずなのに…

　もしあなたがリーズナブルな注文をして、あなた以外が高いものを注文したら、確実に割り勘負けする。一方、あなたが高いものを注文して、ほかの人がリーズナブルな注文をすれば、あなたの割り勘勝ちだ。

　だが、誰もリーズナブルな注文などしない。あなたと同様に考え、高いものを注文する。その結果、みんなが高い勘定を支払うことになるわけだ。言い換えれば、全員が割り勘負けしたようなもの。各人が自分にベストの選択肢を選ぶと、全員が損をする。


　このような状況が「囚人のジレンマ」の典型例。「割り勘負けゲーム」とも言える。ビジネスの現場には、割り勘負けゲームがあふれている。

新製品の投入合戦も…

　例えば、新商品の投入合戦。ヒット作が出たら、雨後のタケノコのように類似商品が店頭に並ぶ。限られた市場を多くの企業で食い合うから、各社の取り分は減っていく。だが、こちらが新商品を出さなければ、ライバルに陳列スペースを奪われるだけ。粗製乱造を承知で、新商品をガンガン出していく。結果は、神のみぞ知るだ。

ようするにこういうこと

割り勘負け

複数のプレーヤーが一定のルールの下で、それぞれの利益を最大化しようとするときに、どのような行動を取るかを探る研究。

（例）友人と割り勘で食事する場合

あなたの選択／友人の選択	あなたが「安いものを注文」	あなたが「高いものを注文」
友人が「安いものを注文」	**結果A** あなたの満足度 ＝ 普通 （安いものを注文して、安い支払い） 友人の満足度 ＝ 普通 （安いものを注文して、安い支払い）	**結果B** あなたの満足度 ＝ とても高い （高いものを注文した割に、安い支払い） 友人の満足度 ＝ とても低い （安いものを注文した割に、高い支払い）
友人が「高いものを注文」	**結果C** あなたの満足度 ＝ とても低い （安いものを注文した割に、高い支払い） 友人の満足度 ＝ とても高い （高いものを注文した割に、安い支払い）	**結果D** あなたの満足度＝やや低い （高いものを注文して、高い支払い） 友人の満足度＝やや低い （高いものを注文して、高い支払い）

あなたは自分の満足度を最大化する「結果B」を望んで「高いものを注文」するが、友人も「結果C」を狙って「高いものを注文」するため、現実には「結果D」に落ち着く。つまり、2人とも、この会食に不満を残す。むしろ、お互いに自制し、リーズナブルなものを注文していたほうが、楽しい会食になったはずだが…。

▸PART8

会計思考

儲かりやすい構造になっているか？

8-1

ビジネスを成功させるための基本は1つの式に集約される。売上高－費用＝利益。売上高（収益）を増やし、費用を抑え、その差額である利益を確保する。その方法を考えることだ。

費用をしっかり把握する

売上高の数字は把握しやすい。注文を取るだけでなく、ちゃんと代金を回収して、初めて本当の収益になるということを忘れてはいけないが（貸借対照表の項で解説）、入ってくるお金はわかりやすい。

しかし、売上高を増やすことだけを考えていて、そのために費用がどれだけかかったかを把握しないと、本当に利益が出ているかどうか、実態がわからない。費用は雑多で集計するのが面倒くさいが、何にいくらのお金がかかったかを集計しなければ、利益がどれだけ上がったか計算できない。

要するに、家計簿をちゃんとつけていないと、毎月の給料は知っていても、出費が増えすぎて家計の維持が危うくなる。その家計簿をつけるために、会社にはわざわざ経理部がある。

費用を固定費と変動費に分けて考える

売上高と費用を把握したら、その差額である利益を増やすためにどうすればいいかを考えることができる。ビジネスパーソンにとっての会計思考の重要性はそこにある。株主や銀行に報告するための決算書の作成は経理担当者に任せればいいが、稼ぐための数字の把握は誰でも常に意識すべきことだ。利益を考えない戦略はあり得ない。

戦略を立てるための会計思考は、売上高と費用の関係を整理することから始まる。その基本は、費用の中身を変動費と固定費に分けること。変動費とは、製品の原材料費や光熱費のように、顧客に提供する製品やサービスの数量とともに変動する費用。固定費とは、オフィスの家賃や正社員の給料のように、ある程度固定的に発生し、毎月ほぼ定額で支出される費用。

実際には、変動費か固定費か分類しにくい費用もあるが、事業計画を構想する段階では、ざっくりと分けて考える。

費用を変動費と固定費にすっきり分けられたとすると、収益との関係は次ページのグラフのようになる。ここでは変動費は売上高に対して一定の割合で増えていくと仮定しており、そこに固定費が加わって総費用となる。そして総費用と売上高の差額が利益だ。

売上高が費用を上回り、利益が出始めるポイントを損益分岐点と言う。つまり、この水準より収益が増えれば黒字になり、それ以下に収益がとどまっていれば赤字だ。だからビジネスが成立する絶対条件は、この損益分岐点を超えるところまで収益を増やすことだ。

同時に、自分がやろうとしているビジネスの売上高と費用の関係が、どういう構造になっているのか、そのタイプを把握しておこう。

コスト構造を変える

すぐにわかることは、固定費も変動費も高いビジネスは儲かりにくいということだ。しかし、儲かりにくい構造にあるビジネスの常識をくつがえして、固定費や変動費を引き下げることができれば、誰もが「儲からない」と思っている市場で、ゆうゆうと儲けることができる。

また、変動費がそれほどかからないビジネスは、損益分岐点を超えた途端に、利益率がぐんぐん高まる。パート2で説明したプラットフォーム型のビジネスモデルを選んだ企業は、そういう成功を目指していることが多い。ただし、損益分岐点を越えられない限り、「高い利益率」は絵に描いた餅だ。

ようするにこういうこと

損益分岐点

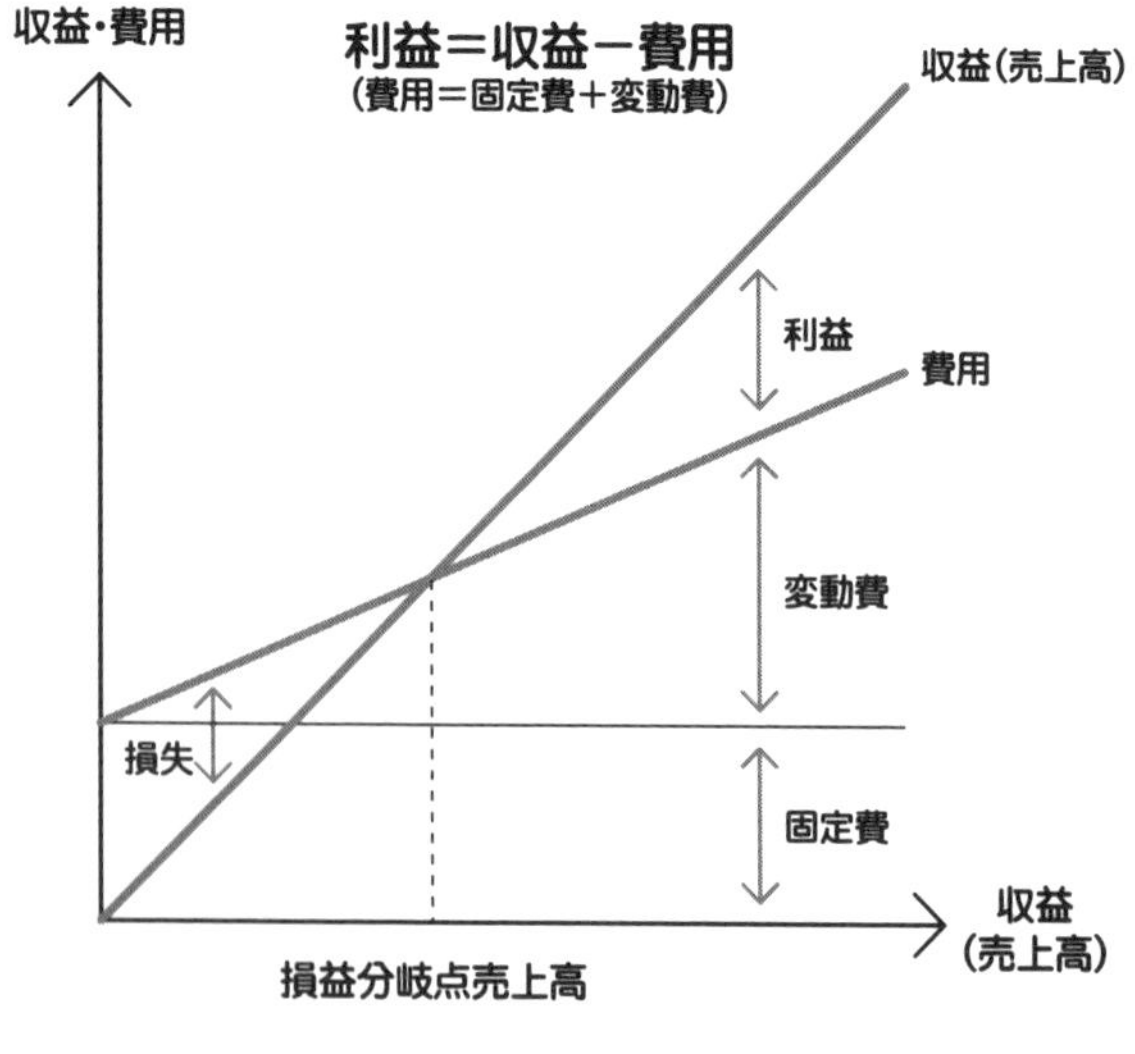

ようするにこういうこと

儲かりやすいか、儲かりにくいか？

固定費も変動費も高いと、
なかなか損益分岐点を
越えられない

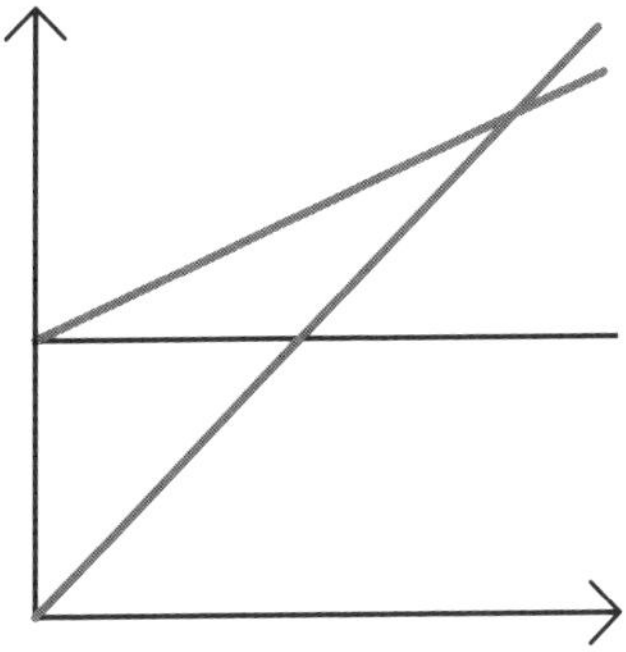

固定費が高くても
変動費が低ければ、
損益分岐点を超えると、
利益が急激に増えていく

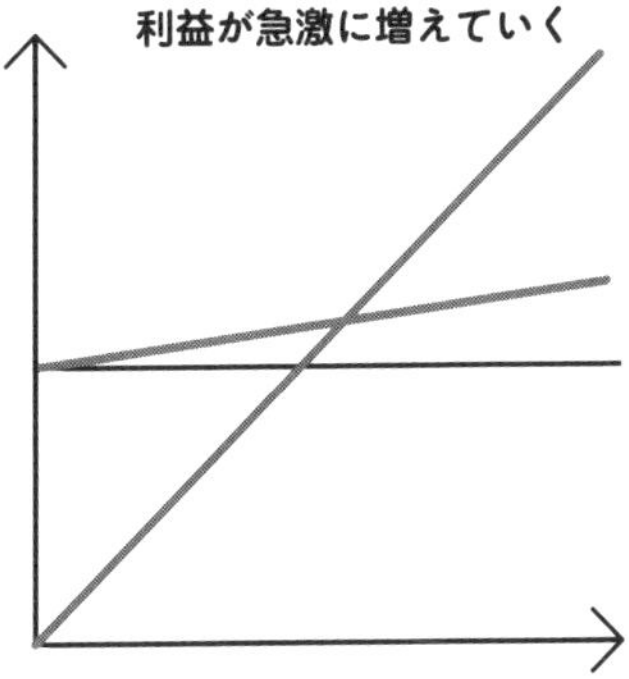

固定費が低くても、
変動費が高いと、
黒字になっても、
利益はあまり増えない

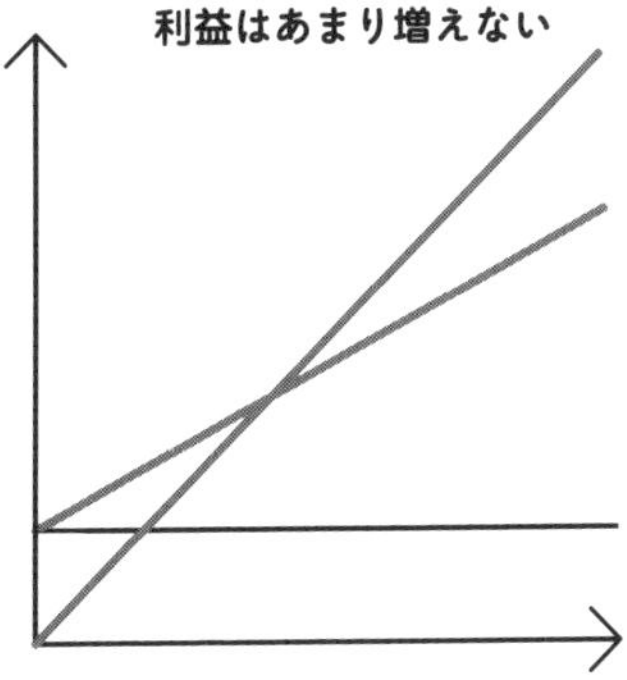

固定費も変動費も低いと、
利益を上げやすい

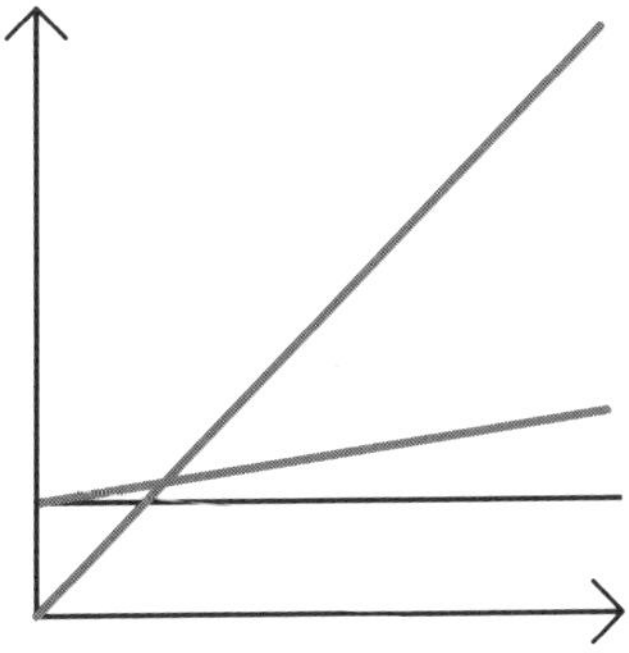

決算書

8-2 ライバルや過去と比べて総合的に読み取る

「決算書」とは、企業が株主や債権者などに向けて、自社の経営成績や財務状態などの情報を開示する書類。その核心にあるのは貸借対照表（B／S）と損益計算書（P／L）という2つの集計表。決算書は、1年（1期）ごとや3カ月（四半期）ごとに発表される。

損益計算書は成績表 貸借対照表は健康診断書

損益計算書は、「この期間に、これだけ儲かりました」ということを説明するものだ。収益と費用、そして利益を集計してある。要は、ある期間の成績表だ。

ただし、損益計算書だけを見ても、会社の実態は把握できない。貸借対照表を見て、その企業の体格や体力をチェックする必要がある。

貸借対照表は、決算時点における会社の「健康診断の結果」と言える。その会社の保有している資金や設備、取引先との間の売掛や買掛、銀行などからの借入金などが一定のルールに沿って集計されている。

この貸借対照表を見れば、会社の「財務体質」

が見えてくる。借金が多いか少ないか、どういう財産を持っているのか……。要するに、サラリーマンの個人資産の状況を一覧にしたものと基本は同じだ。

損益計算書が成績表、貸借対照表が健康診断結果だとして、企業活動を理解するにはコツがいる。その年の成績は実力なのか、フロックなのか？　去年と今年と比べると、体力は増進しているのか、急激に体調不良に陥っていないか？　こうした比較をして、はじめて現時点での損益計算書と貸借対照表が意味を持つ。

比べる相手は過去の自分だけではない。競合他社の決算書と比較すると、自社の特徴がよくわかる。今のままで勝てるか、体力的に奇策を打たないと勝負できないのか、などなど。

決算書を見慣れてくると、いろいろな示唆を抽出できる。まずは比べながら見る習慣をつけて、会社の数字を読み取る力を養いたい。

ようするにこういうこと

決算書

損益計算書
(P/L)

損益計算書は、対象期間に会社がどれだけの売り上げ(収益)を上げ、どれだけの費用がかかり、どれだけの利益を得たのかを集計したもの。

売上高(収益)−費用＝利益

貸借対照表
(B/S)

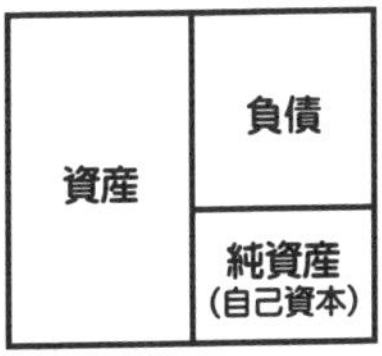

貸借対照表は、会社の元手となったお金(純資産)、借入金や買掛金などの負債、そうした資金の使い道である設備や不動産、売掛金などの資産を一定のルールに沿って集計したもの。

資産＝純資産＋負債

損益計算書

8-3▸

利益をどうやって上げているか？

損益計算書（P／L）は決算対象期間（1年、四半期など）の収支を示す。

商品を作ったり、サービスを提供したりするのにいくらかかり、どれだけ売り上げが得られて、その差額として、いくら儲けたか。それをいくつかのくくりに分けて集計したものが損益計算書だ。

そこには商売の基本中の基本が盛り込まれている。

損益計算書は、上から順に、売上高、売上原価、売上総利益…と並ぶ。

売上総利益

売上高から売上原価を引いた額が売上総利益だ。これは商品を販売して得た収益（売上高）から、その商品を作るためにかかったコスト（売上原価）を差し引いたものだ。粗利と呼ばれることも多い。

企業の戦略を考える上で、この売上総利益は重要な意味を秘めている。

売上総利益は、要はその企業が手にする手間賃だ。原材料費と加工費の合計である原価より

ようするにこういうこと

損益計算書

(例)任天堂の2016年3月期(単位:百万円)

売上高	504,459
売上原価	283,494
売上総利益	220,965
販売費及び一般管理費	188,083
営業利益	32,881
営業外収益	14,550
営業外費用	18,641
経常利益	28,790
特別利益	407
特別損失	1,482
税金等調整前当期純利益	27,715
法人税等合計額	11,197
当期純利益	16,518

売上高、費用、利益

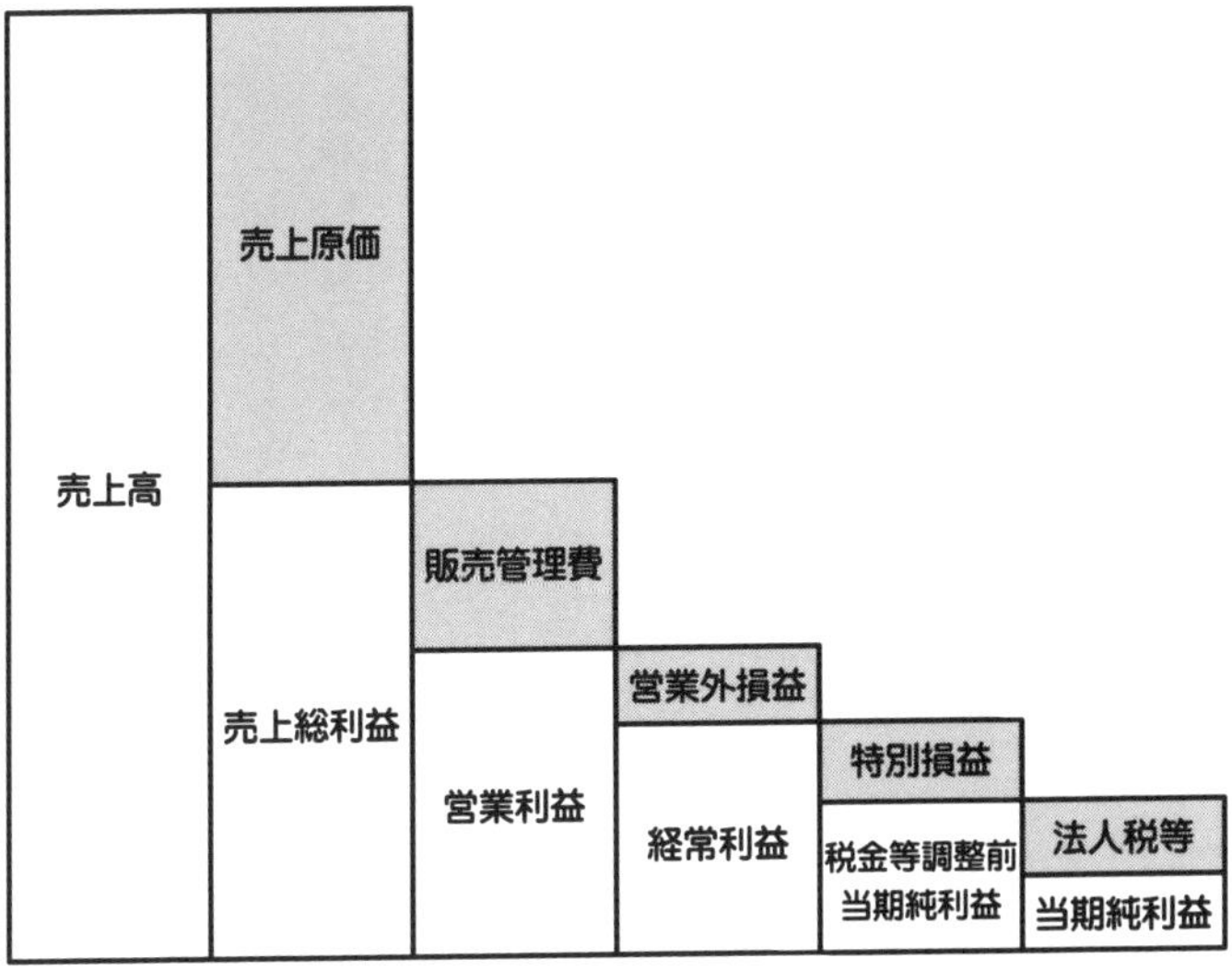

製品が高く売れたということは、その製品やサービスに顧客が価値を認めてくれた証し。ここには、その企業の存在価値が隠れている。稼ぐ力の原動力はここにある。その企業が販売する製品やサービスが魅力的であれば、売上総利益は大きくなる。

販管費と営業利益

売上総利益の下には、販売費及び一般管理費、営業利益…と並ぶ。

販売費は、広告宣伝費のような販売活動に使ったお金。一般管理費は人件費などの費用だ。これらを売上総利益から差し引くと、営業利益になる。

営業利益は、企業の本業における収益力を示す。「稼ぐ力」は営業利益率と同義語で使われることも多い（後述）。

営業外損益と特別損益

営業利益の下には、営業外の収益と費用が並ぶ。つまり本業ではないところでの収益や費用だ。お金の貸し借りの利息、投資先から受け取った配当など、金融取引の関係が中心だ。そこまで集計した利益を経常利益と呼ぶ。

さらに、その下には特別利益と特別損失がある。これは会社の土地を売った利益や、自然災害で生じた損失など、突発的に発生したものと考えれば良い。

当期純利益

費用の最後には税金の支払額が記載され、一番下に残るのが当期純利益、つまりその決算期の稼ぎのうち会社の懐に入る「手取り額」だ。これが本当の意味での利益である。

この当期純利益は貸借対照表に引き継がれる。すなわち当期純損益が黒字であれば、利益剰余金が前期よりも増え、赤字ならば減る。その結果、純資産も増減する。

ライバル企業の損益計算書と比較する

同じ業種に属するライバル企業の損益計算書を比較してみたとしよう。すると売上高は同程度なのに、売上原価や販管費がまったく異なり、営業利益に差があった。なぜだろう?

その裏には、おそらく戦略の違いが隠れている。誰に対して、どう売っているのか。高級品を固定客に売る企業と、低価格でボリュームを追求する企業では、コストのかけ方が違う。売上原価や販管費などの数値の差は、企業の戦略や文化の違いを定量的に説明しているとも言える。

自社の過去の損益と比較する

次に、自社の損益計算書と比べてみる。前期と今期の業績にどんな違いがあるのか。例えば、売り上げが3割も減っているのに、営業利益率は昨年と同レベルを維持できたとしよう。なぜだろう?

売り上げが減る中で、原価率や販管費比率を低く抑えられたのはなぜか? 何かトリックがあるのでは? 推理小説の探偵さながらに分析を進めていきたい。

ただし、損益計算書だけをどんなに分析しても限界がある。損益計算書という結果を生み出している「原因」を知るには、貸借対照表に当たる必要がある。貸借対照表を見ないで企業業績を語るのは、患者の顔色だけ見て「健康です」と診断するヤブ医者のようなもの。体の内部を検査しないと本当の健康状態は分からない。

貸借対照表

8-4▶ 企業の強さがわかる健康診断書

貸借対照表はバランスシート（B／S）と呼ばれる。ここには会社の過去の歴史、今の体力、将来のポテンシャルが如実に表現されている。「会社の健康診断書」と評されるのも、なるほど納得できる。

赤字でも安泰の会社と突然倒産する会社の違い

例えば、あなたの会社の売り上げが今年、半分になったとしよう。来年、会社は生き残れるか？

答えはバランスシートが教えてくれる。これまで堅実な経営を続けてきて体力が温存されていれば、一過性の赤字にはビクともしないはずだ。収益改善の打ち手が効果を発揮し、翌年に一気に飛躍できるかもしれない。

一方で、黒字決算を続けていた会社が、たった一度の赤字決算で突然倒産することもある。財務面での根本的な体力が不足している企業は、危機への対応力が低い。

こうした兆候はすべてバランスシートに隠されている。

右側と左側の合計額が一致する

バランスシートは左右に分かれている。右側は、「負債の部」と「純資産の部」に分かれる。「事業運営に必要な資金を、会社がどこから集めたか」を示している。

左側は「集めた資金を何に使ったか」を示していて、まるごと「資産の部」である。

右側の負債と純資産の合計額と、左側の総資産の額が一致する（バランスする）ことから、バランスシートと呼ばれる。資産が目減りして、負債が資産より大きい状態（債務超過）に陥った時は、純資産の部がマイナスになる。

資産の部は「お金の回り方」を知る手がかり

資産の部には、現金、売掛金、商品などの「流動資産」、建物、土地、機械装置などの「固定

ようするにこういうこと

貸借対照表

資産	負債・純資産
資産 現金 売掛金 商品・材料 生産設備 商標 投資有価証券 など	**負債** 買掛金 借入金 社債 引当金 など
	純資産(自己資本) 資本金 利益剰余金 など
↓ 集めた資金を 何に使っているか	↓ 事業に必要な資金を どうやって集めたか

資産」、投資有価証券、差入保証金などの「投資その他の資産」という項目が並ぶ。

これらはすべて、「将来、売り上げに化けるものか、売り上げを生み出すもの」と思えばいい。いずれ、現金は商品などになり、商品は売り上げになる。また、商品は土地や機械装置がないと作れないというわけだ。

企業のあらゆる活動の痕跡が残っている

資産のチェックは、「現金及び預金」の残高からスタートすると分かりやすい。要するに、手持ちのキャッシュがどのくらいあるのか。ここが大事だ。

例えば、損益計算書だけ見ると売り上げが伸びていて黒字なのに、現預金の残高が減っている。そんな会社は、無茶なことをして損益計算書の帳尻を合わせている可能性がある。掛け売りで押し込み販売をしているかもしれない。その場合、帳簿上は売り上げが計上されるが、現金が回収できず、売掛金が異常に増える。結果として現預金が減る。ひどい場合、架空の売り上げを計上して粉飾決算をしていることもある。

こういうからくりは、過去のバランスシートと比べてみないことには、なかなか見抜けない。

バランスシートには、企業のあらゆる活動の痕跡が残っている。その痕跡は、前期と今期のバランスシートの差として現れる。

また、企業の中には数年分の売上高に匹敵する在庫を抱える企業もあるが、果たして健全な状態か甚だ疑問だ。

各資産項目が多いか少ないかを判断するには、過去の決算書や同業他社の決算書と比べることが不可欠だ。

ようするにこういうこと

資産の部

(例)吉野家ホールディングスの2016年2月期(単位:百万円)

資産の部	
流動資産	
現金及び預金	21,287
受取手形及び売掛金	3,362
商品及び製品	4,387
仕掛品	22
原材料及び貯蔵品	4,430
繰延税金資産	925
その他	2,570
貸倒引当金	△2
流動資産合計	36,984
固定資産	
有形固定資産	
建物及び構築物	68,063
減価償却累計額	△40,055
建物及び構築物(純額)	28,008
機械装置及び運搬具	4,516
減価償却累計額	△3,772
機械装置及び運搬具(純額)	743
工具、器具及び備品	11,429
減価償却累計額	△9,334
工具、器具及び備品(純額)	2,095
土地	8,859
リース資産	8,586
減価償却累計額	△4,312
リース資産(純額)	4,273
建設仮勘定	541
有形固定資産合計	44,521
無形固定資産	
のれん	1,055
その他	2,012
無形固定資産合計	3,067
投資その他の資産	
投資有価証券	4,278
長期貸付金	511
長期前払費用	2,799
差入保証金	15,189
投資不動産	2,926
減価償却累計額	△926
投資不動産(純額)	1,999
繰延税金資産	1,622
その他	484
貸倒引当金	△167
投資その他の資産合計	26,717
固定資産合計	74,307
資産合計	111,292

仮に前期から現金が増えているとしたら、そこには必ず理由がある。売掛金の回収が進んだのか、在庫が消化されたのか。あるいは好調な決算によって、当期純利益分がそのまま現金として増えたのか。

競合企業の決算書と比較すると、売掛債権や在庫の多寡についてヒントを得られる。

純資産・負債の部は「会社の元手」と「借入金」

負債の部には、銀行からの借入金など返済義務のある資金が入る。これは返済期間によって流動負債と固定負債に分けられている。取引先に対して支払わなければいけない買掛金も負債だ。資産の中にある売掛金とは逆だ。

純資産の部には、主に資本金と利益剰余金が入る。純資産の大きさは、財務面での基礎体力の強さを示している。

資本金は、分かりやすく言えば「会社の元手」。企業がスタートした時に、株主から集めた金だ。後から追加することも減らすこともできる。

利益剰余金は、過去に稼ぎ出した利益の累計。堅実に儲けを蓄積してきた企業は結果として純資産額が大きくなる。

純資産が大きければ、一時的に赤字に陥っても、会社は揺るがない。純資産を大きくする主な方法は2つ。1つは、当期利益を出し続けて、利益剰余金をコツコツと積み上げること。もう1つは、投資家などから資金を調達して資本金を増やすことだ。

これに対して、借入金などを使って事業の拡大を目指すと、負債の部が大きくなっていく。

会社を設立する時のことを考えるとイメージしやすい。

例えば、あなたが資本金100万円を出して

ようするにこういうこと

負債・純資産の部

(例)吉野家ホールディングスの2016年2月期(単位:百万円)

負債の部	
流動負債	
支払手形及び買掛金	5,741
短期借入金	5,224
1年内返済予定の長期借入金	7,665
リース債務	863
未払法人税等	551
賞与引当金	1,334
役員賞与引当金	79
株主優待引当金	292
資産除去債務	24
その他	9,785
流動負債合計	31,563
固定負債	
社債	750
長期借入金	14,477
リース債務	2,350
退職給付に係る負債	631
資産除去債務	2,454
繰延税金負債	86
その他	1,244
固定負債合計	21,994
負債合計	53,558
純資産の部	
株主資本	
資本金	10,265
資本剰余金	11,560
利益剰余金	38,077
自己株式	△741
株主資本合計	59,162
その他の包括利益累計額	
その他有価証券評価差額金	△3
為替換算調整勘定	△1,650
退職給付に係る調整累計額	△14
その他の包括利益累計額合計	△1,669
少数株主持分	240
純資産合計	57,733
負債純資産合計	111,292

卸会社を設立したとしよう。最初のバランスシートはこんな感じになる。

右側（負債・資本）：資本金100万円
左側（資産）：現金100万円

資産である現金100万円は、商品などに化け、やがて売り上げという成果に結びつく。しかし、手持ちの資金だけで会社を経営していると、調達できる資産が限られ、事業を拡大しにくい。借入金などでバランスシートの右側を膨らませると、より多くの資産を企業活動に利用できる。

資本金100万円の卸会社が、100万円の運転資金を借り入れれば、200万円分の商品を仕入れることもできる。売り上げ倍増の可能性も生まれる。これが借り入れのレバレッジ効果だ。

ただし借入金や買掛金などの負債は、資本と違って、いずれ清算しなければならない。負債を増やせば、仕入れなどに使える資金は増えるが、リスクも高まる。

なぜ右側が「貸方」なのか？

ちなみに、バランスシートの右側を「貸方」と呼ぶことがある。決算書は相手から見た視点で作成されているからだ。企業にとっての「借り入れ」は、お金を貸してくれている相手から見れば「貸している」ということなので、「貸方」なのである。

そして左側は「借方」と呼ばれる。取引先に資金を貸し付けするケースを考えるとわかりやすい。先方はこちらから借りているので「お借り方」になる。

こうした定義は習うより慣れるしかない。

総資産回転率、ROA

8-5 「稼ぐ力」「稼ぐ効率」はどのくらいか？

利益を上げるのがうまい会社はどこが違うのか？　その分析はビジネスパーソンには欠かせない。

会社の収益力、つまりどれだけ稼ぐ力があるかということを判断する尺度はいろいろある。決算書を分析するだけでも、いろいろな比較ができる。

少ない資金で利益を上げる

まず基本的なこととして、利益を上げるためには、収益（売上高）を増やさなければいけない。会社は自社の資産（設備、在庫、資金など）を使って売上高を上げているわけだから、資産と売上高の関係は最も基本的なチェックポイントになる。

100万円の手元資金で10万円稼ぐのと、1000万円で10万円稼ぐのでは、どちらが稼ぐ力があるか？

答えは明らかだ。企業活動でも基本的な考え方は同じ。できるだけ少ない資産（持ち物）で、利益を上げたい。資産を持つには多くの資金が必要になるし、資産保有に伴うコストも馬鹿にできない。

どれだけうまく回しているか?

こうした資産の効率性を図る尺度の1つが総資産回転率だ。これは資産に対する1年間の売上高の比率を示す指標。

「回転」という言葉を使うのは、要するに、どれだけお金をうまく回しているかを意味するからだ。

例えば総資産回転率が「1」だとすると、資産と同じ額だけの売上高を上げたことになるが、総資産回転率が「2」だとすると、総資産の2倍の売上高を上げたことになる。

回転率は、業種によって水準が左右される。ライバルより回転率が高い会社は稼ぐ力があることを意味する。

「稼ぐ仕組み」で大差がつく

ただし、本当に大事なのは、売上高ではなく利益だ。そこで総資産に対する利益の比率をチェックする。その尺度が総資産利益率（ＲＯＡ）だ。

ＲＯＡは、Return on Asset の略。Return は利益（当期純利益）、Asset は資産のことだ。

ＲＯＡの高低は、会社の資産をどれだけ効率よく使って利益を上げているかを意味する。1億円の資金を使って１００万円の利益を上げている会社（ＲＯＡ＝1％）と、５０００万円の資金で１００万円の利益を上げている会社（ＲＯＡ＝2％）では、資金効率に2倍の開きがあることにある。

それは「稼ぐ仕組み」の差と言える。ＲＯＡは、会社の「稼ぐ仕組み」が効率良くできているかどうかを示す尺度と言える。

ようするにこういうこと

総資産回転率と ROA

売上高、利益、総資産を比べることで、企業の「稼ぐ力」をチェックすることができる。総資産回転率とROAは、どれだけうまくお金を回して、売り上げを増やしたり、利益を上げているかを見る指標だ。

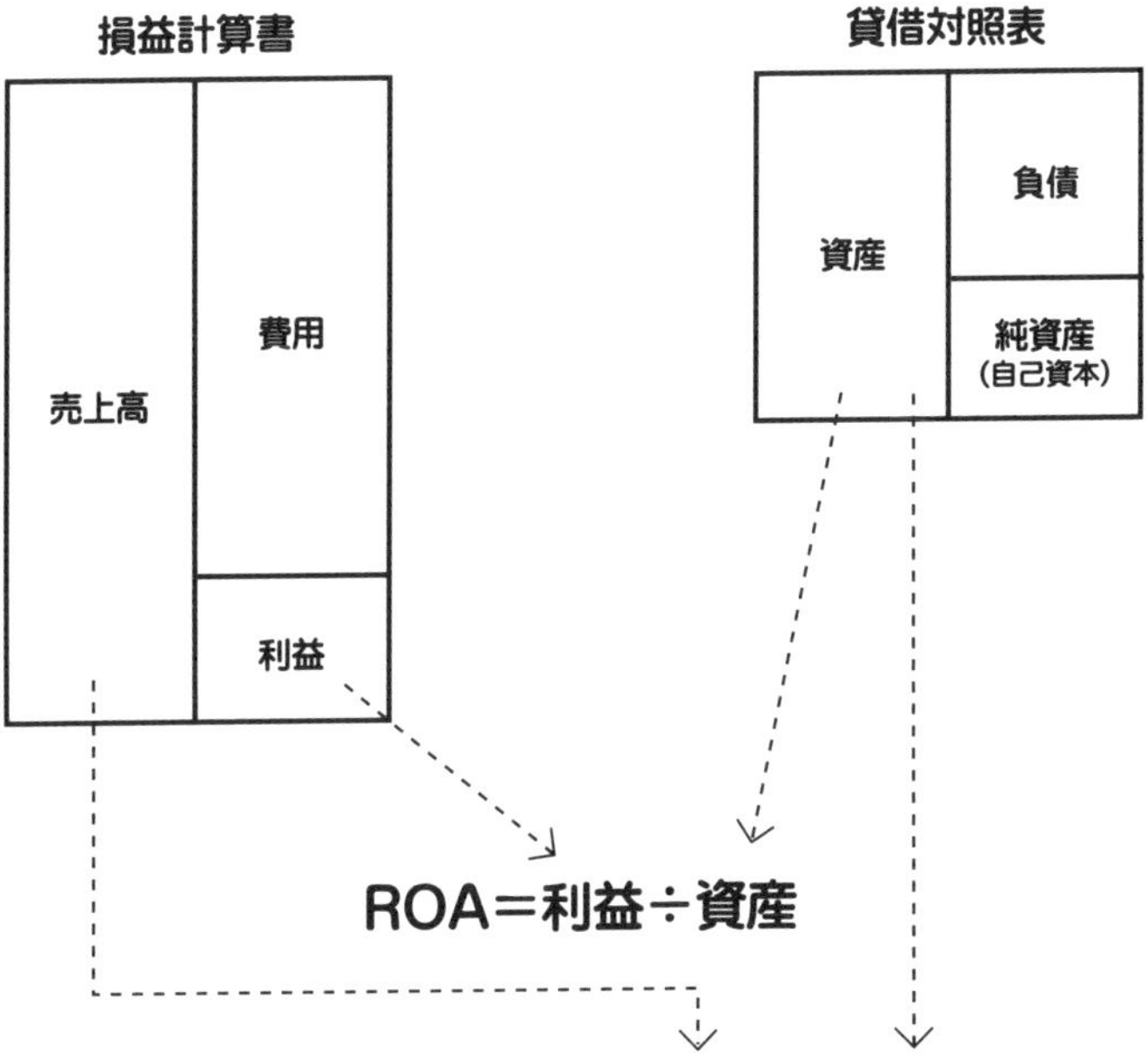

ROA＝利益÷資産

総資産回転率＝売上高÷資産

ROE、レバレッジ

8-6 株主の儲けを大きくするか、会社の安定性を重視するか？

ROAの分母は総資産だが、分母を純資産(Equity)にしたROEという指標も重要だ。ROEは純資産に対して、その年いくらの利益を上げたのかを示している。

「元手」に対する利益率

純資産はもともと株主が出資した資本金や毎年の利益を積み上げて増やしてきたお金などの合計額だ。つまり株主が企業に託している元手のこと。

ということは、ROEが高い会社は「少ない元手でたくさん儲けている会社」であり、逆にROEが低い会社は「元手が大きい割にそれほど儲かっていない会社」ということになる。

優良企業はROEが10%を超えている

世界の優良企業はROEが10%を超えているのが当たり前だが、日本の上場企業ではROEが10%を上回っている会社は半数以下で、その達成を目指している会社が多い。

ようするにこういうこと

ROE（自己資本利益率）

株主から見たとき、自分が出した資金を元手にして、企業がどれだけ利益を上げているかを示す指標がROEだ。ROEは売上高利益率、総資産回転率、レバレッジという3つの指標の掛け算になる。これらが高ければROEも高くなるが、レバレッジを上げ過ぎると経営の健全性が損なわれる恐れがある。

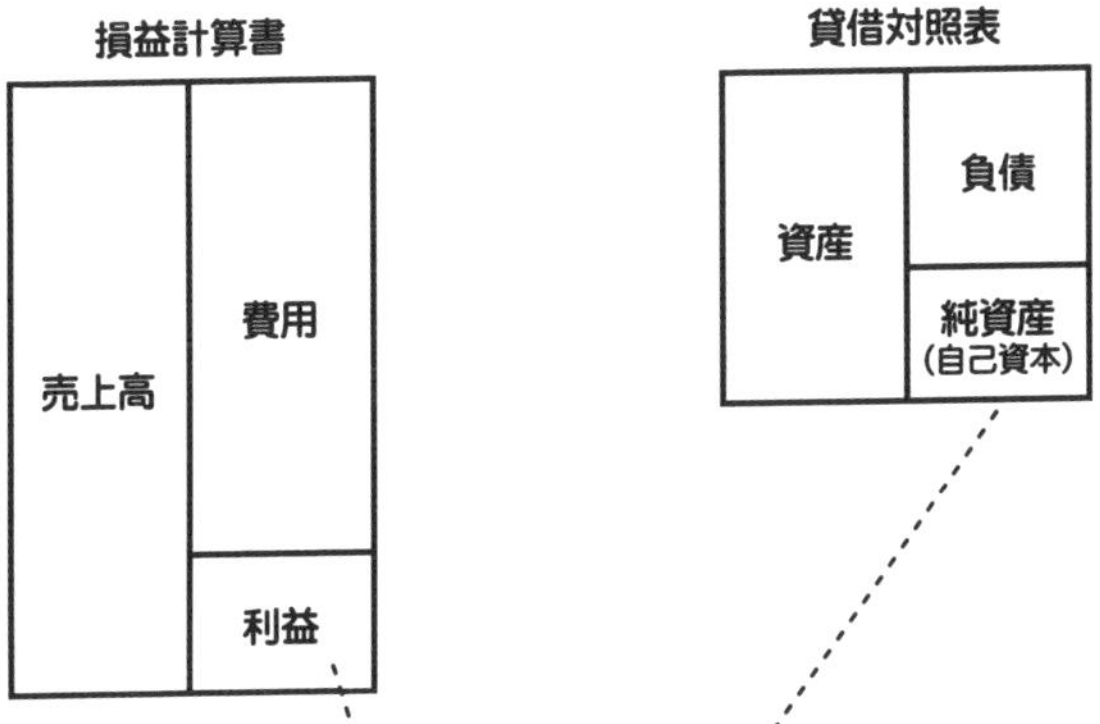

ROE＝当期利益÷純資産（自己資本）

$$= \frac{\text{当期利益}}{\text{売上高}} \times \frac{\text{売上高}}{\text{資産}} \times \frac{\text{資産}}{\text{自己資本}}$$

売上高利益率
売上高に対する
当期利益の割合。
収益性を示す。

総資産回転率
総資産に対する
売り上げの割合。
稼ぐパワーを示す。

レバレッジ
負債によって
総資産がどれだけ
膨らんでいるかを示す。
自己資本比率の逆数。

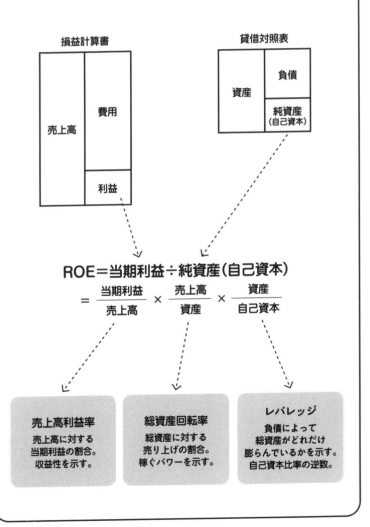

分母の純資産を減らす会社も

ＲＯＥを上げるためには、利益を増やすことがまずは正解になる。

一方で、こうした指標を改善させるため、ＲＯＥの計算式の分母（純資産）を小さくする手法もある。要は、内部留保を減らすのだ。

会社が保有する資金（預金など）を使って、自分の会社の株を購入すると（自社株買い）、その分は、自己資本のマイナス項目となり、ＲＯＥの分母が減少する。だから利益額が変わらなければ、自社株買いによりＲＯＥが上昇する。

自社株買いは、ＲＯＥを向上させることはできても、企業の収益力を向上させるわけではない。しかし、自社株買いによって市場で売買される株式の数が減ると、それは投資家にとっての魅力向上につながる。

借金をしてテコの原理をきかせる

ＲＯＥの高低は、会社が資金面のレバレッジをどれだけ効かせているかに関係する。

レバレッジとは、「テコ」のことである。テコを使って、小さい力で重いものを動かせるように、小さな元手で大きなビジネスを展開することを「レバレッジを効かせる」と言う。

つまり、純資産を増やすのではなく、借入金などによる資金調達で収益を拡大できれば、株主から見れば少ない元手のままで利益を増やせることになる。つまりＲＯＥは上昇する。

レバレッジとＲＯＥは前ページの図のような関係にある。

しかし、過剰にレバレッジを効かせることは、会社が「借金まみれ」になるリスクを抱えることになり、財務体質の健全性を損なう恐れもある。ＲＯＥ向上を目指した結果、過剰負債を抱えるというのは本末転倒な話だ。

レバレッジの逆数が自己資本比率だ。つまり総資産に対する純資産（自己資本）の比率である。これは財務体質の健全性を示す指標の代表だ。この比率が高いほど、借入金や社債などのように返済義務のある資金への依存度が低く、「借金が少ない」ことを意味する。

会社の成長余力によって株主への報い方は違う

レバレッジを効かせるか、逆に自己資本比率を高めるかということは、その会社の考え方による。

健全性を重視する会社は、稼いだ利益を会社に貯め込み、借金を増やさず、自己資本比率を高めることを重視する。

しかし、会社にお金を貯め込み過ぎると、株主からは、「もっと配当を増やして、利益を株主に還元しろ」「ＲＯＥを高めて投資家を引き付けて、株価を上げろ」というような注文が出る。

こうした要求に対する答えば、会社の成長度合いによって異なる。まだ成長余力がある企業であれば、配当ではなく次なる成長機会への資金として内部留保するのが正解になる。逆に成長限界に達してしまった企業は、配当して株主に報いるのが自然な流れだ。上場企業が、毎年の利益に加えて成長を期待されるのは、これが理由だ。

業績が悪くても、空前の好業績になっても、経営者はいつも胃が痛い思いをする。何か1つの答えを選べば、その選択を支持しない者たちから、猛烈な反論を浴びせられる。それは経営者の宿命だ。

営業利益率

8-7 本業で稼ぐ力がどれだけ高いのか？

会社の稼ぐ力を示す尺度として、売上高に対する営業利益の比率も把握しておきたい。

売上高は、その会社の本業で上げた収益であり、営業利益は、会社の本業で稼いだ利益である。つまり売上高営業利益率は、本業で稼ぐ力がどれだけ強いかを意味する。

売上高営業利益率の高低を決める要因は、大きく分ければ2つだ。

1つは製品やサービスの魅力である。つまり顧客にとっての価値が高いかどうか。値段が高くても買ってもらえるかどうか。それが売上高営業利益率を決める大きな要因だ。

もう1つは、コストである。製造や販売などの効率が高く、コストが抑えられていれば、利益率は高くなる。

例えば同じ自動車メーカーでも、トヨタ自動車の売上高営業利益率が他社を圧倒しているのは、プリウスのような魅力的な車種を提供していることに加えて、生産現場などにムダがなくコストが抑えられていることが大きい。

稼ぐ力は企業文化や努力によって底上げされていくのである。

ようするにこういうこと

売上高営業利益率

売上高営業利益率は、売上高に対する営業利益の比率。企業の収益力を示す最も基本的な尺度。本業で稼ぐ力を意味する。

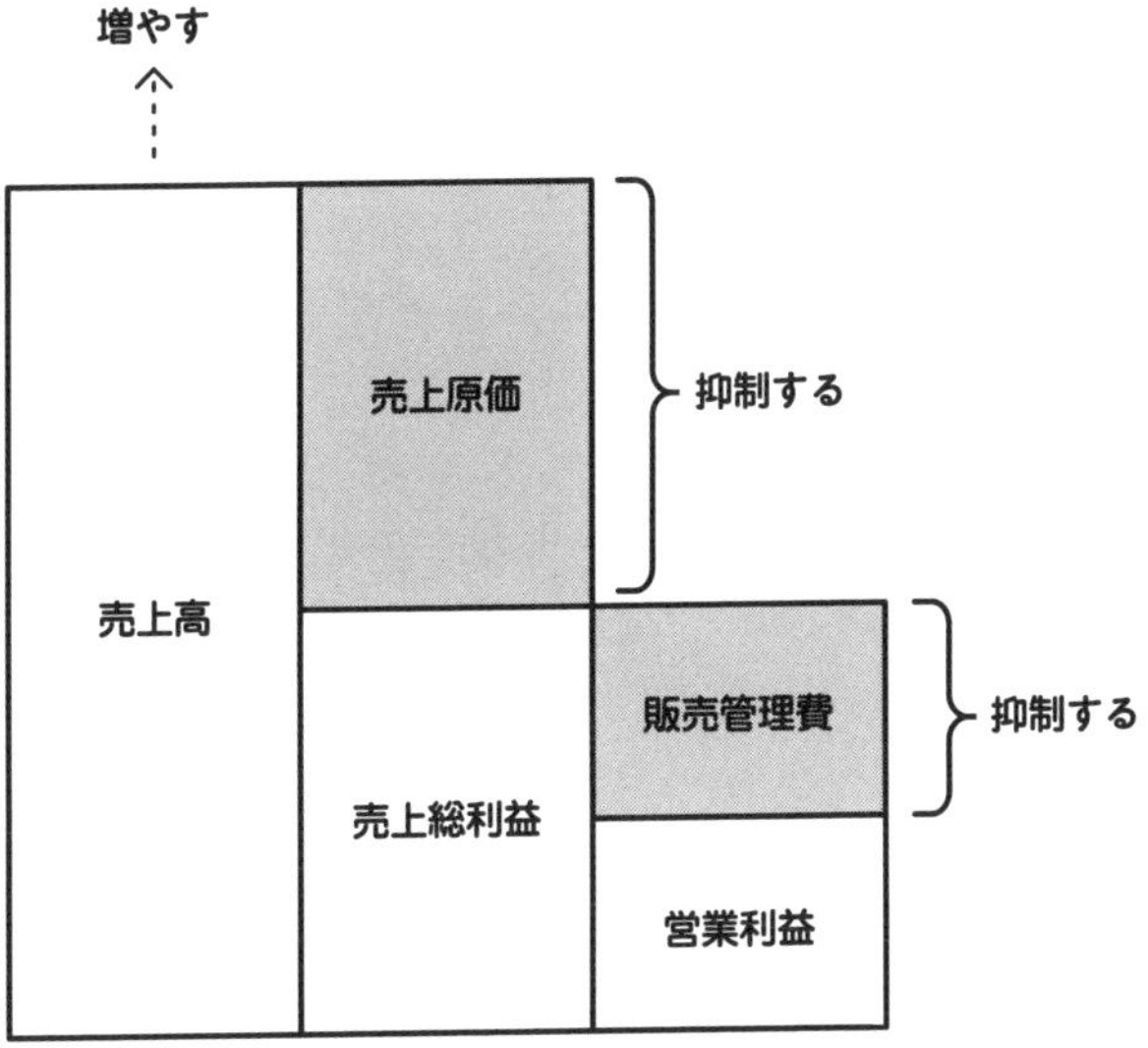

顧客にとって魅力的な商品やサービスを提供することができれば、原価は同じでも、高く買ってもらえることになり、売上総利益が増える。そして、販売や広告などの効率を良くすれば、そのコストが抑えられる。そうした稼ぐ力の差が、営業利益率の差として表れる。

キャッシュフロー

8-8 ▸ 現金の出入りによって企業活動を捉える

キャッシュフローは、企業活動を現金の動きに翻訳したもの。損益計算書を見ると黒字の企業でも、代金の回収が滞ったり、売れない在庫を抱えたりすれば、現金は払底し、企業価値は棄損する。

そこでキャッシュ（現金）のフロー（流れ）に直して企業を分析する。

決算書に記載されている3つのキャッシュフロー

決算書では、3つの視点でキャッシュフローが集計されている。「営業キャッシュフロー」「財務キャッシュフロー」「投資キャッシュフロー」だ。

営業キャッシュフローは本業に伴うお金の出入り、投資キャッシュフローは設備投資など投資に伴うお金の出入り、財務キャッシュフローは借り入れなど財務活動に関するお金の出入りをまとめたものだ。

営業キャッシュフローは本業で得られるキャッシュだから、黒字決算の企業であれば普通はプラスになる。

ようするにこういうこと

キャッシュフロー計算書

任天堂の2016年3月期（単位：百万円）

営業活動によるキャッシュ・フロー	
税金等調整前当期純利益	27,715
減価償却費	9,139
貸倒引当金の増減額（△は減少）	△55
退職給付に係る負債の増減額（△は減少）	△707
受取利息及び受取配当金	△5,134
為替差損益（△は益）	14,527
持分法による投資損益（△は益）	△1,887
売上債権の増減額（△は増加）	15,444
たな卸資産の増減額（△は増加）	34,501
仕入債務の増減額（△は減少）	△21,556
未払消費税等の増減額（△は減少）	△95
その他	△5,794
小計	66,097
利息及び配当金の受取額	5,963
利息の支払額	△0
法人税等の支払額	△16,869
営業活動によるキャッシュ・フロー	55,190
投資活動によるキャッシュ・フロー	
定期預金の預入による支出	△674,717
定期預金の払戻による収入	659,857
有形及び無形固定資産の取得による支出	△4,670
有形及び無形固定資産の売却による収入	1,574
有価証券及び投資有価証券の取得による支出	△1,072,852
有価証券及び投資有価証券の売却及び償還による収入	1,019,443
その他	△374
投資活動によるキャッシュ・フロー	△71,740
財務活動によるキャッシュ・フロー	
配当金の支払額	△24,929
自己株式の取得による支出	△42
自己株式の売却による収入	21,987
その他	△12
財務活動によるキャッシュ・フロー	△2,996
現金及び現金同等物に係る換算差額	△3,898
現金及び現金同等物の増減額（△は減少）	△23,443
現金及び現金同等物の期首残高	281,539
現金及び現金同等物の期末残高	258,095

これに対して、投資キャッシュフローは、設備を導入したりするお金の流れだから、マイナス（キャッシュアウト）になる傾向が強い。

そして財務キャッシュフローは、新たに借り入れをしたり増資したりすればプラスになり、借金を返済したり自社株買いをしたりすればマイナスになる。

フリー・キャッシュフロー

フリー・キャッシュフローという概念も重要だ。これは要するに「自由に使えるキャッシュフロー」のこと。パート9で後述するDCF法で企業価値を計算するときの基準になる。企業価値は、その企業がどれだけの現金を残せるのかで決まるのだ。

フリー・キャッシュフロー（FCF）の一般的な計算方法を簡略に説明しよう。計算のスタートは、税引き後利益。税引き後利益とは、売り上げから、各種の経費と税金を引いて残った利益。とすれば、FCF＝税引き後利益と考えてよさそうなものだが、現実にはそうならない。それは、売掛金と買掛金、在庫、設備投資と減価償却などの要素が企業会計にあるから。その結果、税引き後利益とFCFにズレが生じる。

例えばメーカーで、得意先への売掛金が増えれば、売り上げを計上してからキャッシュを手に入れるまでに時間がかかる。よって、税引き後利益と比べてFCFは少なくなる。逆に買掛金が増えれば、材料を買ってから仕入れ先にキャッシュを支払うまでの時間を稼げる。つまり、FCFが多くなる。

次に在庫。材料を仕入れて製品を作ればキャッシュは減る。けれど、このキャッシュが費用として計上され、税引き後利益に反映されるのは製品が売れた後。ということは、売れ残りの在庫が増えるほど、税引き後利益と比べてFCFは少なくなる。

最後に、設備投資と減価償却。5億円の設備投資をして、新工場を建てたとする。この時に会計上、5億円の経費は一度に計上されない。税法上のルールで、例えば5年に分けて1億円ずつ計上する。この1億円が減価償却費。現実には1度で5億円のキャッシュが減っていても、税引き後利益は1億円ずつ減っていく。

このようなズレを修正する計算（足し算や引き算）を、税引き後利益に施して、FCFは算出される。

無理な営業活動で利益を増やそうとすると…

例題を解いてみよう。

経営不振の商社X社。前期は税引き後利益

ようするにこういうこと

フリー・キャッシュフロー

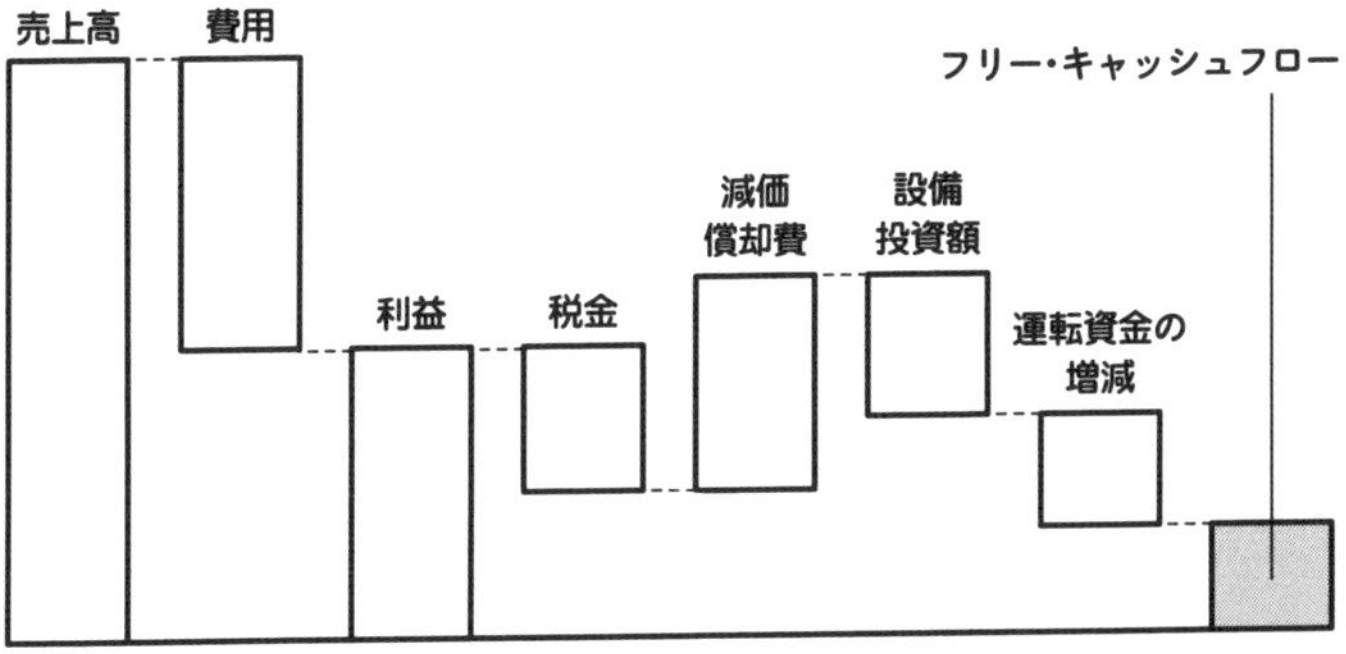

フリー・キャッシュフローは税引後の利益とは一致しない。その主な原因は、設備投資をするとお金が会社から出ていくが、その費用は税法上のルールに従って何年かに分けて損益計算書に反映されるため（減価償却）。また、売り掛け、買い掛けのように、損益計算には含めているものの、お金のやり取りが完了していない費目もあるからだ。それらを加味して、正味のお金の流れを算出したものが、フリー・キャッシュフローだ。

3億円を確保したものの、ムリな営業活動のためか、一部の大口取引先からの支払いが滞り、売掛金が2億円増加。厳しい資金繰りの中、納品業者に支払いサイト（支払いまでの猶予期間）の延長を頼んだ結果、買掛金は前期と比べて1億円増えた。

安さを売り物にしようと大量に仕入れた商品が売れ残り、在庫は1億5000万円増加。設備投資は5000万円に抑制した一方、過去に各地で物流拠点を整備した時期があったため減価償却費が1億円に上った。

以上の情報を使って、X社の前期末時点でのフリーキャッシュフロー（FCF）を算出するといくらになるか。

X社のFCFは税引き後利益3億円に次のような会計要素を加味して算出される。

- 売掛金：2億円増 → FCF＝税引き後利益－2億円
- 買掛金：1億円増 → FCF＝税引き後利益＋1億円
- 在庫：1.5億円増 → FCF＝税引き後利益－1.5億円
- 設備投資：0.5億円 → FCF＝税引き後利益－0.5億円
- 減価償却：1億円 → FCF＝税引き後利益＋1億円

まとめると「FCF＝3億円（税引き後利益）－2億円＋1億円－1.5億円－0.5億円＋1億円＝1億円」。かろうじて「キャッシュを稼ぐ力」を維持している状態だ。

実際のFCF計算はこの例題ほど単純ではないが、基本的な考え方は同じ。キャッシュフローは嘘をつかない。

▶PART9

ファイナンス思考

企業価値

9-1▶

会社の値段はいくらか？

M&Aや増資などの際には、企業に値段をつけなければいけない。それにはいくつかの方法がある。

純資産を企業価値と見なすのはわかりやすいが限界もある

最も簡単な方法は「純資産法」だ。これは企業の純資産を会社の価値と見なす方法。設立当初の資本金と、過去に儲けた利益剰余金を累計した額を企業価値とするのは、とてもわかりやすい。

しかし純資産法には限界がある。あくまでも、その時点での会計上の価値であって、将来どのくらい成長するか、どのくらい利益を上げるか、ということを見込んでいない。

また、帳簿上の純資産額が実態と一致していないこともある。決算書に記載されている資産は、取得時点の価格（簿価）を基にしているからだ。だから企業価値を算定する際には、資産を時価で評価し、本当の純資産を計算し直す必要がある。

資産として計上されている在庫や有価証券、

不動産などは、簿価より価値が上がっている場合もあるが、価値が大幅に下がってしまっている場合もある。その場合は純資産が簿価より減り、純資産がマイナスになっていることもある。その状態を債務超過と言う。

株式時価総額は期待が込められた価格

企業価値を算出するもう1つの代表的な基準は株価だ。株価×株数＝株式時価総額を企業価値と見る。上場企業の場合は、市場で取引されている株価を基にして簡単に計算できる。

株価は投資家の期待で決まる。実績を上げた野球選手の年俸を決めるのと変わらない。きっと来シーズンもこれぐらい成績を残すだろうという期待の下で年俸が算出される。企業の株価も同じだ。株価には経済情勢など実にさまざまな要因がからんでいて、株式市場での需給状況などによっても株価はブレる。

PBR（株価純資産倍率）は「期待の大きさ」を示す尺度

純資産法と株式時価総額を結びつけるのがPBR（株価純資産倍率）という指標だ。これは株価を1株当たりの純資産で割ったもの。つまり株式時価総額が純資産に比べてどのくらい高いかを示している。

その会社の将来に対する期待が高い場合には、株式時価総額が純資産額を上回っていて、PBRは「1」を超えている。

逆に、業績不振が続いていて、資産が毀損しているのではないかと疑われる企業では、株式時価総額が純資産額を割り込んでしまい、PBRが「1」に達しない。

企業価値の算出には、後述するDCF法などが使われることもある。

ようするにこういうこと

企業価値

企業の価値を計算する基本的な方法は2つある。

1つは、純資産を企業価値と見なす方法。その場合、保有する資産を時価で評価する必要がある。保有する不動産や株式などの値段が下がって総資産が目減りしていると、そこから負債を差し引いた純資産も減ってしまう（マイナスの場合もある。それを債務超過という）。

もう1つは、株価に株数をかけて計算する株式時価総額を企業価値と見なす方法。つまり、企業を買収するのにいくらかかるかを計算する。これは投資家の期待や経済環境によって変動する。

2つの尺度を対比する指標がPBR（株価純資産倍率）だ。

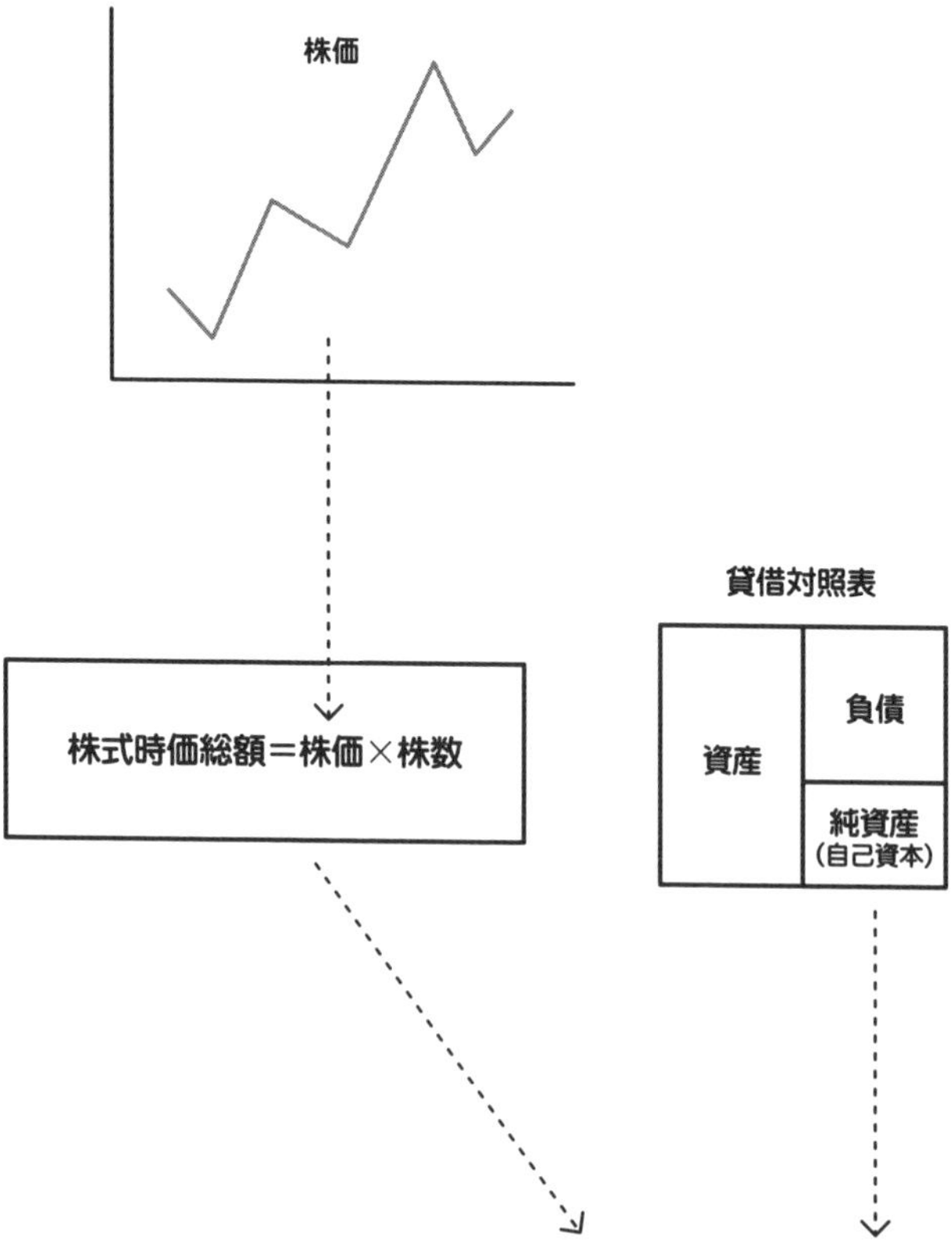

PBR（株価純資産倍率）＝株式時価総額÷純資産

9-2 DCF法 将来の稼ぎを現在の価値にするといくら？

投資家が企業価値を算定する方法として編み出されたのがファイナンス理論だ。「この会社の価格はこのくらいが妥当ではないか」という金額を理論的に算出する。ここで紹介するDCF法は、その代表だ。

DCFは、ディスカウンテッド・キャッシュフローの頭文字だ。その企業の稼ぎの尺度としてフリー・キャッシュフローを使い、将来得られそうなキャッシュフローを現在の価値にディスカウント（割り引き）することから、こう呼ばれる。要は、毎年どれくらいお金を得られるかで、企業価値を計算するのだ。

金利の分だけ価値が減る

ディスカウントというのは、金利などを考えて、将来の稼ぎを今の価値に置き換えるということ。今1億円を稼ぐのと1年後に1億円稼ぐのとを比べると、その価値は違うからだ。

今1億円を稼いで銀行に預金すれば、1年後には金利が得られる（マイナス金利ではないとする）。だから1年後に稼ぐ1億円は、今の

1億円に比べると、金利分だけ価値が少ないことになる。よって、その企業の現在の価値を算出する際、金利分だけディスカウント（割り引き）する必要があるわけだ。

例えば、金利5％で、1年後に100万円の儲けが残るとしよう。この100万円の現在価値は、5％分だけ割り引く、つまり1・05で割った95・2万円になる。

不確実性のリスクも見込む

ディスカウントの率は、金利だけでなく、リスクも加味する必要がある。1年後に100万円儲かる話が、絶対に確実とは限らない。よってリスク分も含めてディスカウントする。

例えばリスク分を3％ぐらいと見込んだ場合、ディスカウントレート（割引率）は、5％（金利）＋3％で8％になる。この8％で1年後に期待できる100万円を割り引くと、現在価値は92・6万円。思った以上に下がるものだ。

このようにして、キャッシュフローの金額を現在の価値に換算して合計（投資額と差し引き）したものを現在価値（ネット・プレゼント・バリュー＝NPV）と言う。そして現在価値がプラスならば、そのビジネスは黒字になると考えられる。

株価には、DCFの考え方が織り込まれている。事業計画や業績予測から現在価値を算出する。これが株価の元になる。

企業の成長が続くなら、将来の利益額も増えるだろうから、企業価値は大きくなる。一方で、事業規模が縮小し、利益率も下がった企業の価値がどうなるか、説明するまでもない。

期待値をベースに算出される企業価値は、業績悪化で一変する。上場企業が株価を維持するのがどれだけ大変かわかるだろう。

ようするにこういうこと

DCF法

(例)毎年1億円の稼ぎがあり、割引率5%として、現在価値を計算すると・・・

1年後の1億円の現在の価値×1.05＝1億円
2年後の1億円の現在の価値×$(1.05)^2$　＝1億円
3年後の1億円の現在の価値×$(1.05)^3$　＝1億円
4年後の1億円の現在の価値×$(1.05)^4$　＝1億円
・・・・・

ということは、

1年後の1億円の現在の価値＝1億円／1.05　＝0.952億円
2年後の1億円の現在の価値＝1億円／$(1.05)^2$　＝0.907億円
3年後の1億円の現在の価値＝1億円／$(1.05)^3$　＝0.864億円
4年後の1億円の現在の価値＝1億円／$(1.05)^4$　＝0.823億円
・・・・・

毎年のキャッシュをディスカウントすると、黒い棒グラフのようになる。5億円を投資して儲かるか？

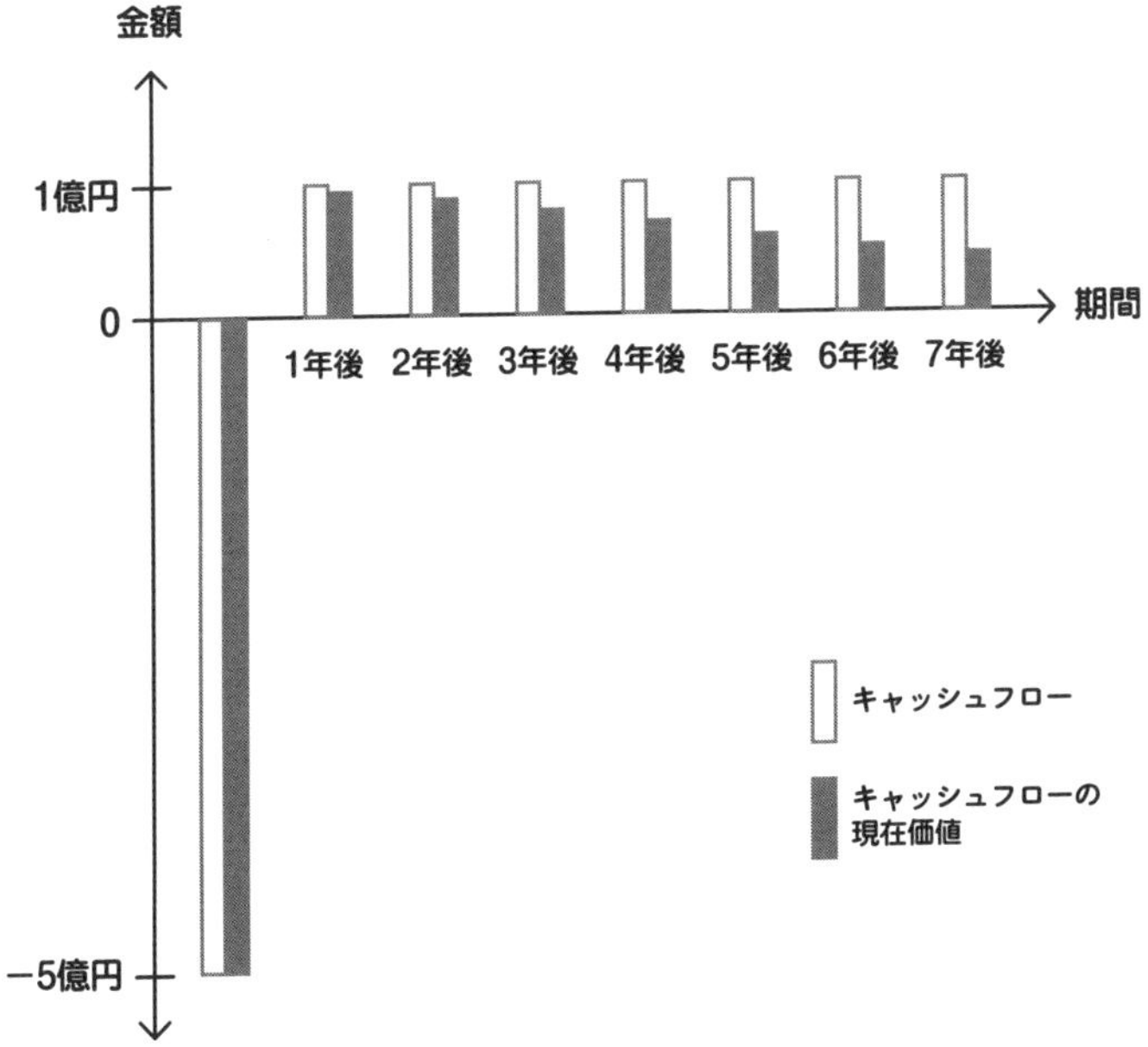

資本コスト、IRR

9-3 そのビジネスに投資する価値はあるか？

前項で説明したDCF法では、ディスカウントレートをどう決めるかということが重要なポイントだ。その算出の基本は、「資本コスト」という考え方だ。

資本コストとは、借り入れの金利や株主への配当など資金調達にかかっているコストのこと。これは資金を調達している企業側から見ればコストだが、逆に資金を提供する側から見れば、企業に対して要求している利回りである。

企業活動は、つまるところ投資と回収、そして配当のプロセスである。東インド会社が香辛料や綿花を仕入れ、高値で売った商売と根は同じ。一発当てるには資金がいる。その資金にはコストがかかる。必ず成功するとは限らないから、リスクも織り込んでおく必要もある。この視点を持つと、資本コストという考え方は腑に落ちる。

リスクが高ければ要求するリターンも高くなる

企業が調達している資金全体の資本コストは、加重平均資本コスト（WACC）と呼ばれ

ようするにこういうこと

WACC(加重平均資本コスト)

企業が調達した資金には、コストがかかる。株主に対しては配当などの形で利益還元することが求められ、銀行からの借入金に対しては金利を支払う必要がある。そうした資金調達のコストを加重平均したものがWACCだ。

$$WACC = \frac{E}{(D+E)} rE + \frac{D}{(D+E)} rD(1-T)$$

E:株主資本

D:有利子負債

rE:株主資本コスト

rD:負債コスト

T:実効税率

貸借対照表

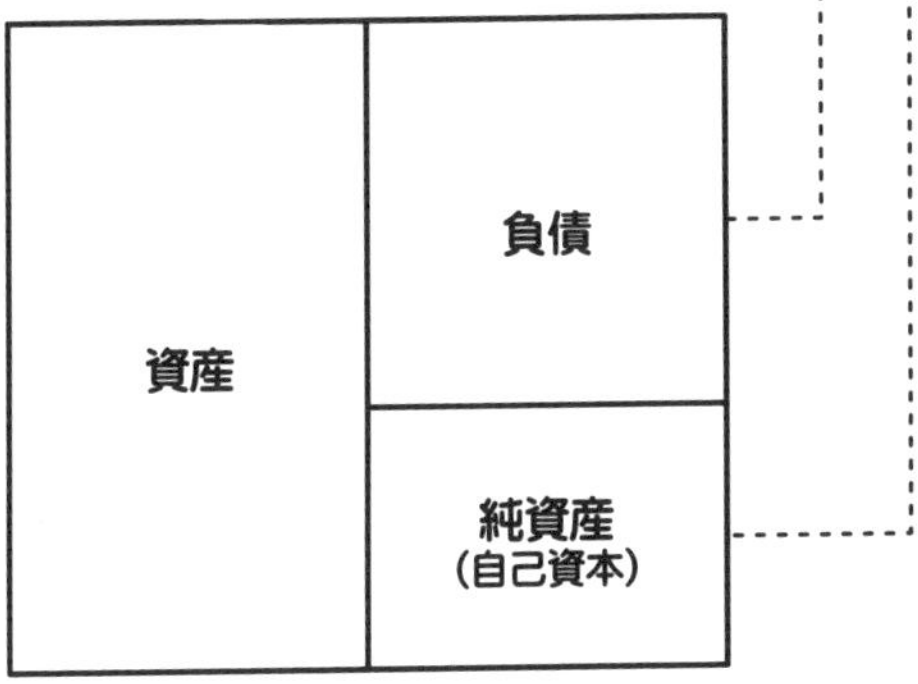

る方法で計算されることが多い。

では、この式によるコスト、つまり投資家の要求している利回りはどう決まるのか。投資判断をする時には、いろいろな選択肢を比較する。例えば日本の国債は安全な資産の代表で、持っているだけでわずかとはいえ確実に利率分だけ儲かる。これに対して、倒産する可能性もある企業の株を買う場合には、当然国債より高い儲けを期待する。

つまり投資家は、堅実な事業には、それほど高い儲けを要求しない。逆に不確実性が高い事業にお金を出す場合、より高い儲けを要求する。例えば先端テクノロジー関連のベンチャー企業は先がよく見えない。だから高い儲けを要求する。

なお、ＷＡＣＣの計算式を見ると、負債（借り入れ）に対するコストの項には、（１－Ｔ）が掛けられている。つまり実効税率Ｔの分だけコストが下がる。これはなぜかというと、借金の場合は金利を払うので、利益が減り、節税効果があるからだ。だから株主から得た投資資金に比べて、実はコスト負担が軽い。

以上のような要因をふまえたディスカウントレートを設定すれば、予想キャッシュフローを基にしてＤＣＦ法で企業価値を算出することができる。

ＩＲＲ（内部収益率）を逆算して投資すべきかどうか判定

逆に、ディスカウントレートが何％であれば、投資する価値があるかどうかを計算することもできる。

例えば、あなたは10年間、ある店を経営することになった。開店資金は５００万円で、毎年１００万円のキャッシュが残る。10年目は撤退費用などで50万円のキャッシュが出ていくとしよう。単純に10年間のキャッシュを合計するとプラスの３５０万円だ。では、ディスカウントレートが何％であれば、この店を経営する価値があるだろうか。

　そこでＤＣＦ法の考え方を逆にして、10年間のキャッシュの現在価値（前項参照）がプラスマイナスゼロになるディスカウントレートを算出する。これをＩＲＲ（内部収益率）と言う。ＩＲＲは、エクセルなどを使えば、すぐに計算することができる。すると、12・９％という数字が出てくる。ということは、ディスカウントレートが12・９％以下であれば、損することはない。

　ＩＲＲが高ければ高いほど、価値が高いビジネスだということになる。このＩＲＲから、資金調達の金利やリスクなどを差し引けば、実際に得られそうなリターンが算出できるわけだ。

ようするにこういうこと

IRR(内部収益率)

キャッシュフローの現在価値(NPV)がプラスであれば投資する価値があり、マイナスであれば投資する価値はない。その分かれ目となる「NPV＝0」となるディスカウントレートのことをIRRと呼ぶ。

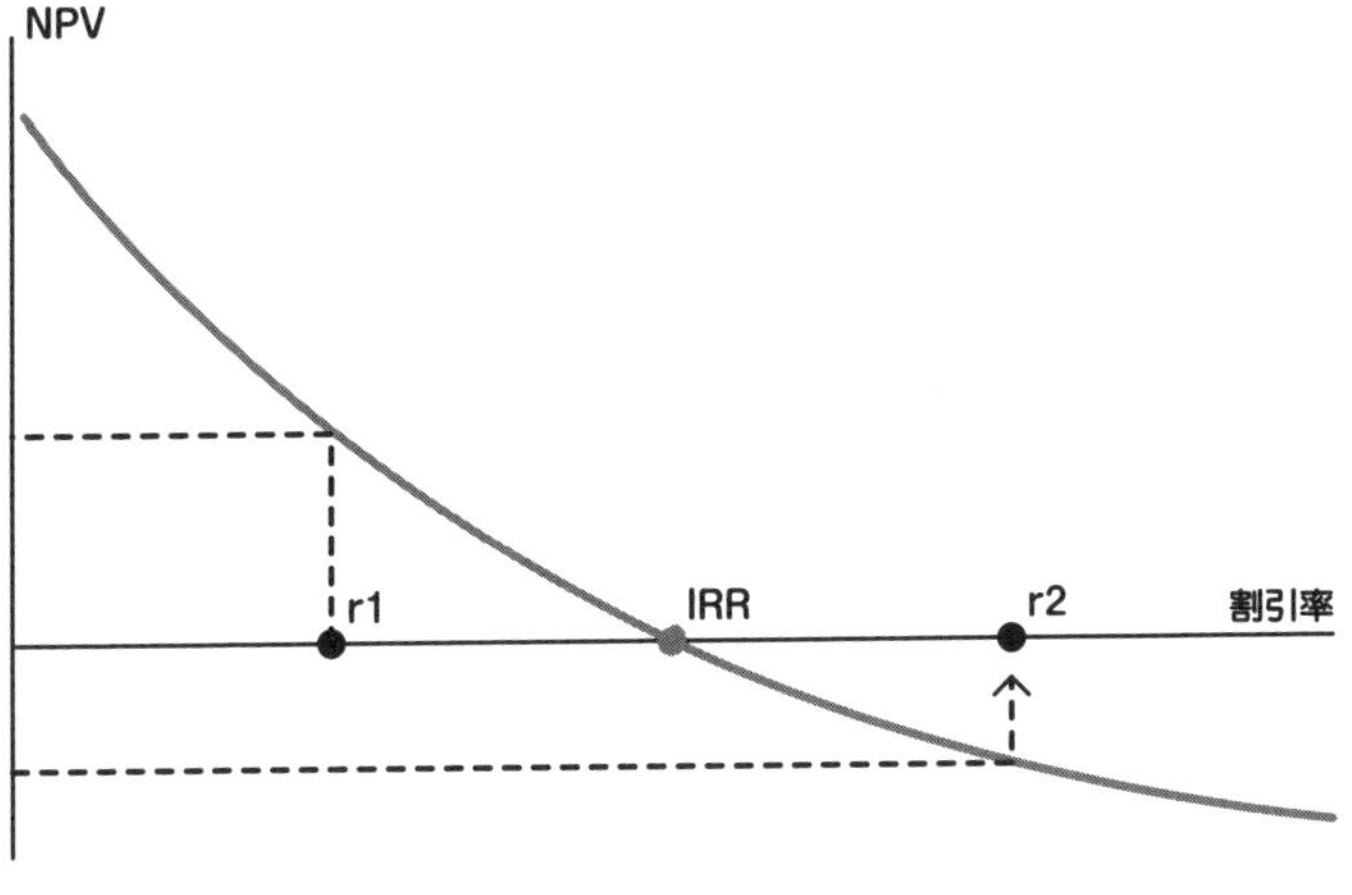

『ボールド 突き抜ける力』ピーター・H・ディアマンディス／スティーブン・コトラー（著）、土方奈美（訳）、日経 BP 社、2015年

『論理トレーニング101題』野矢茂樹（著）、産業図書（2001年）

『世界がもし100人の村だったら 』池田香代子（著）、C. ダグラス・ラミス（訳）、マガジンハウス、2001年

『非対称情報の経済学―スティグリッツと新しい経済学 』薮下史郎（著）、光文社、2002年

『仮説思考 BCG 流 問題発見・解決の発想法』内田和成（著）、東洋経済新報社、2006年

『行動経済学 経済は「感情」で動いている』友野典男（著）、光文社、2006年

『完全独習 統計学入門』小島寛之（著）、ダイヤモンド社、2006年

『決算書がスラスラわかる 財務3表一体理解法』國貞克則（著）、朝日新聞出版、2007年

『人の印象は3メートルと30秒で決まる―自己演出で作るパーソナルブランド』江木園貴（著）、祥伝社、2008年

『ストーリーとしての競争戦略　優れた戦略の条件』楠木建（著）、東洋経済新報社、2010年

『「計算力」を鍛える』斎藤広達（著）、PHP ビジネス新書、2012年

『ビジネスマンの基礎知識としての MBA 入門』早稲田大学ビジネススクール／内田和成／遠藤功／太田正孝／大滝令嗣／木村達也／杉浦正和／西山茂／根来龍之／法木秀雄／守口剛／山田英夫（著）、日経 BP 社、2012年

『仕事に役立つ統計学の教え』斎藤広達（著）、日経 BP 社、2013年

『行動経済学入門 』多田洋介（著）、日本経済新聞出版社、2014年

『システム×デザイン思考で世界を変える 慶應 SDM「イノベーションのつくり方」』前野隆司／保井俊之／白坂成功／富田欣和／石橋金徳／岩田徹／八木田寛之（著）、日経 BP 社、2014年

『MBA ビジネスデザイン　戦略設計の基本と応用』淺羽茂／今村英明／根来龍之／長谷川博和／樋原伸彦／平野正雄（著）、日経 BP 社、2015年

『ビジネススクールでは学べない 世界最先端の経営学』入山章栄（著）、日経BP社、2015年

『ビジネス思考実験 「何が起きるか？」を見通すための経営学100命題』根来龍之（著）、日経 BP 社、2015年

『物語戦略』岩井琢磨／牧口松二（著）、内田和成（監修）、日経 BP 社、2016年

推薦図書―もっと深く学ぶためにオススメの本

本書を執筆するうえで参考にした本、本書で取り上げた思考ツールについてもっと詳しく学べる本などを紹介します。

『新訂 競争の戦略』マイケル・ポーター（著）、土岐坤・服部照夫・中辻万治（訳）ダイヤモンド社、1995年

『競争優位の戦略』マイケル・ポーター（著）、土岐坤・中辻万治・小野田武夫（訳）ダイヤモンド社、1985年

『アイデアのつくり方』ジェームス W. ヤング（著）、竹内均（解説）、今井茂雄（訳）、CCC メディアハウス、1988年

『考える技術・書く技術―問題解決力を伸ばすピラミッド原則』バーバラ ミント（著）、山崎康司（訳）、ダイヤモンド社、1999年

『企業戦略論』ジェイ・B・バーニー（著）、岡田正大（訳）、ダイヤモンド社、2003年

『資源ベースの経営戦略論』デビッド・J・コリス、シンシア・A・モンゴメリー（著）、根来龍之・蛭田啓・久保亮一（訳）、東洋経済新報社、2004年

『リーン・スタートアップ』エリック・リース（著）、伊藤穣一（解説）、井口耕二（訳）、日経 BP 社、2012年

『ビジネスモデル・ジェネレーション ビジネスモデル設計書』アレックス・オスターワルダー／イヴ・ピニュール（著）、小山龍介（訳）、翔泳社、2012年

『ファスト & スロー（上）（下）あなたの意思はどのように決まるか』ダニエル・カーネマン（著）、村井章子（訳）、早川書房、2014年

『クリエイティブ・マインドセット 想像力・好奇心・勇気が目覚 驚異の思考法』デイヴィッド・ケリー／トム・ケリー（著）、千葉敏生（訳）、 BP 社、2014年

『コトラー & ケラーのマーケティング・マネジメント 第12 リップ・コトラー／ケビン・レーン・ケラー（著）、恩藏直人（監修）月 ）、丸善出版、2014年

『影響力の武器［第三版］なぜ、人は動かされるのか』 ・チャルディーニ（著）、社会行動研究会（訳）、誠信書房、2014年

『［新版］ブルー・オーシャン戦略　競争のない世界 W・チャン・キム／レネ・モボルニュ（著）、入山章栄（解説）、有 ダイヤモンド社、2015年

[著者紹介]

斎藤広達（さいとう・こうたつ）

1968年生まれ。慶應義塾大学を卒業後、外資系石油会社に入社し、主にマーケティング関連の業務に従事。シカゴ大学経営大学院修士（MBA）取得後、ボストン コンサルティング グループ、シティバンク、ローランドベルガーなどを経て、現在はシカゴコンサルティング代表取締役。主として企業再生コンサルティングを手がけている。『ビジネスプロフェッショナルの教科書』『仕事に役立つ統計学の教え』（以上、日経BP社）、『「計算力」を鍛える』（PHPビジネス新書）など著書多数。

入社10年分の思考スキルが3時間で学べる
ビジネスプロフェッショナルの必修基礎知識

2016年9月5日　第1版第1刷発行

著者　斎藤広達
発行者　村上広樹
発行　日経BP社
　日経BPマーケティング
　〒108-8646
　東京都港区白金1-17-3 NBFプラチナタワー
　TEL 03-6811-8650（編集）TEL 03-6811-8200（営業）
　http://ec.nikkeibp.co.jp
ブック
編集　二ノ宮 匡（nixinc）
印刷・　長崎隆司
　大日本印刷

ISBN978-4-8
in Japan